Bibliografische Information der Deutschen Bibliothek.

Die Deutsche Bibliothek verzeichnet diese Publikation in der deutschen Nationalbibliografie.

Detaillierte bibliografische Daten sind im Internet über http://www.d-nb.de/ abrufbar.

Alle in diesem Buch veröffentlichten Abbildungen sind urheberrechtlich geschützt und dürfen nur mit ausdrücklicher schriftlicher Genehmigung des Verlags gewerblich genutzt werden. Eine Vervielfältigung oder Verbreitung der Inhalte des Buchs ist untersagt und wird zivil- und strafrechtlich verfolgt. Das gilt insbesondere für Vervielfältigungen, Übersetzungen, Mikroverfilmungen und die Einspeicherung und Verarbeitung in elektronischen Systemen.

Die Projekte aus diesem Buch sind nur für den persönlichen Gebrauch bestimmt oder als Spende an gemeinnützige Organisationen und Einrichtungen sowie als Ausstellungsstücke mit dem Vermerk auf den Urheber:

Design: © 2018 Edition Michael Fischer aus dem Buch „Hygge Babys und Kids - Wohlfühlkleidung stricken".

Für die kommerzielle Verwendung der Vorlagen und fertiggestellten Projekte muss die Erlaubnis des Verlags vorliegen.

Die im Buch veröffentlichten Aussagen und Ratschläge wurden von Verfasserin und Verlag sorgfältig erarbeitet und geprüft. Eine Garantie für das Gelingen kann jedoch nicht übernommen werden, ebenso ist die Haftung der Verfasserin bzw. des Verlags und seiner Beauftragten für Personen-, Sach- und Vermögensschäden ausgeschlossen.

Bei der Verwendung im Unterricht ist auf dieses Buch hinzuweisen.

EIN BUCH DER EDITION MICHAEL FISCHER

1. Auflage 2018

© 2018 Edition Michael Fischer GmbH, Igling

Covergestaltung und Layout: Bernadett Linseisen
Satz: Pia von Miller
Bilder: Patrick Wittmann, München (Cover, S.23, 28, 38, 43, 54, 62, 68, 72, 79, 82, 88, 92, 96, 102, 107); Elisabeth Berkau, Unterhaching (alle weiteren)
Autorenfoto: Uta Kilian-Moes
Illustrationen: Pia von Miller
Redaktion und Produktmanagement: Anja Sommerfeld
Lektorat: Regina Sidabras, Berlin

ISBN 978-3-86355-879-6

Printed in Slovakia

www.emf-verlag.de

Wenke Müller

**GRÖSSE 50–92**

# Hygge
## babys & kids
### WOHLFÜHLKLEIDUNG STRICKEN

EIN BUCH DER
EDITION MICHAEL FISCHER

# Inhalt

## VORWORT ............ 7

## GRUNDLAGEN ......... 9

Maschen aufschlingen ................ 10

Randmaschen ...................... 10

Zunahmen ......................... 11

Abnahmen ......................... 13

Verkürzte Reihen ................... 15

Maschen auffassen ................. 15

Jacquardmuster .................... 16

Maschen abketten .................. 17

Garnenden einstricken oder einweben ... 18

Der richtige Abschluss ................ 18

Teile verbinden ..................... 19

Ärmel einsetzen .................... 19

I-Cord-Special ..................... 20

Socken stricken .................... 22

Abkürzungen ...................... 24

Hinweise und Stricktipps ............. 24

Strickschrift-Legende ................ 25

Schwierigkeitsgrad .................. 25

# PROJEKTE . . . . . . . . . . . 27

**LAURA**

| | |
|---|---|
| Jäckchen | 29 |
| Handschuhe | 35 |
| Söckchen | 36 |

**EMIL**

| | |
|---|---|
| Hose | 39 |
| Söckchen | 43 |

**CLARA**

| | |
|---|---|
| Strampler | 47 |
| Mütze | 51 |

**ANTON**

| | |
|---|---|
| Pulloverjäckchen | 55 |
| Schal | 60 |

**EMMA**

| | |
|---|---|
| Mantel | 63 |
| Mütze | 68 |

**OSCAR**

| | |
|---|---|
| Pullover | 73 |
| Mütze | 78 |

**ALMA**

| | |
|---|---|
| Pulli | 83 |
| Söckchen | 86 |

**MAGNUS**

| | |
|---|---|
| Windelhöschen (Bloomers) | 89 |
| Handschuhe | 93 |
| Beinstulpen | 94 |

**FREYA**

| | |
|---|---|
| Kleidchen | 97 |
| Dreieckstuch | 99 |

**MICHEL**

| | |
|---|---|
| Kapuzenjacke | 103 |
| Handschuh | 107 |

# Vorwort

Hygge – das steht für dänische Gemütlichkeit, nordisches Design, Landlust und urbanes Lebensgefühl gleichermaßen.

Was braucht es in der hyggeligen Welt? Natürlich kuschlige Outfits aus wunderschönen Garnen, die farbenfroh sind, ohne zu bunt zu sein.

In diesem Buch können sich die Allerkleinsten über zehn verschiedene Sets freuen, je fünf Sets für Mädchen und für Jungen. Doch das Beste ist, dass viele Modelle je nach individueller Farbauswahl sowohl für Jungen als auch für Mädchen geeignet sind!

Die Modelle sind in drei Schwierigkeitsstufen eingeteilt, sodass für jeden etwas Passendes dabei ist. Vor allem auch die Tüftler unter uns, die sich gerne einer Herausforderung stellen, kommen in diesem Buch nicht zu kurz, oder wussten Sie, dass man einen I-Cord in fünf verschiedenen Varianten arbeiten kann?

„Keine Angst vor dünnen Nadeln" – dieses Motto möchte ich allen StrickerInnen mit ins Materialkörbchen legen. Denn oftmals wird das Gestrick viel gleichmäßiger und stabiler, wenn man zu feineren Nadelstärken greift als auf der Banderole angegeben. Letztlich gibt natürlich die altbewährte Maschenprobe eindeutigen Aufschluss darüber, ob man eine etwas dünnere oder etwas stärkere Nadel wählen sollte, um die angegebenen Maße zu erreichen. Diese wichtige, aber gerne vernachlässigte Vorarbeit zum Stricken möchte ich daher jedem sehr ans Herz legen.

Für Fragen oder Anregungen bin ich sehr dankbar und freue mich schon jetzt darauf, zahlreiche Posts der entstandenen Projekte und Interpretationen unter @tomkeknits auf Instagram zu sehen!

Nun wünsche ich allen StrickerInnen viele spannende und zugleich erholsam hyggelige Stunden mit meinem Buch, ein paar Stricknadeln und natürlich kuschlig-weichem Garn!

Ihre

# Grundlagen

## MASCHEN DAZU ANSCHLAGEN DURCH AUFSCHLINGEN

Das Aufschlingen von Maschen wird z. B. innerhalb des Strickstücks vorgenommen, wenn an einem Rand zusätzliche Maschen aufgenommen werden sollen (z. B. beim Stricken des Daumens bei Handschuhen).

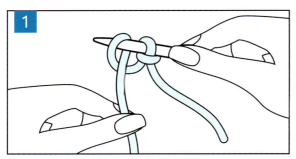

Die Nadel mit der Anfangsschlinge in der rechten Hand halten und den Arbeitsfaden um den Daumen legen. Dabei den Arbeitsfaden leicht festziehen.

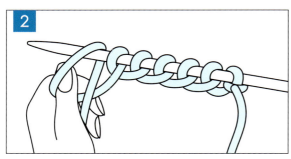

Den Faden um die Nadel führen und diesen Vorgang so oft wiederholen, bis die gewünschte Anzahl Maschen aufgeschlungen ist.

## RANDMASCHEN

### KNÖTCHENRAND

Ergibt ein Knötchen für zwei Reihen. In jeder Reihe wird die erste Masche ungestrickt wie zum Rechtsstricken abgehoben und die letzte Masche rechts gestrickt. Der einfache Knötchenrand eignet sich für Arbeiten, die kraus rechts gestrickt werden.

### KETTRAND

Der Kettrand ergibt einen lockeren und schönen Rand. Die Randmaschen werden je nach Variante in Hin- oder Rückreihe abgehoben und nur in jeder zweiten Reihe gestrickt. Durch das Abheben erscheinen die Randmaschen größer und erstrecken sich stets über zwei Reihen.

**Hin- und Rückreihen:**
Die erste Masche links abheben (mit dem Faden vor der Arbeit), die letzte Masche rechts stricken.

# ZUNAHMEN

## ZWEI MASCHEN AUS EINER MASCHE RECHTS HERAUSSTRICKEN

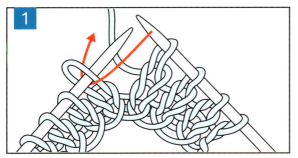

Mit der rechten Nadel wie zum Rechtsstricken in die nächste Masche einstechen …

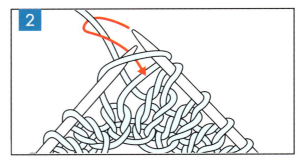

… und den Faden durchholen.

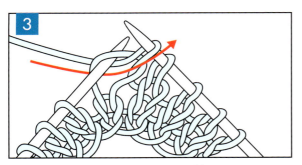

Die Masche aber noch nicht von der Nadel gleiten lassen, …

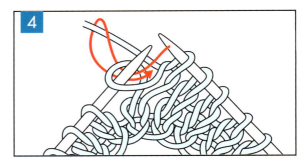

… sondern noch einmal verschränkt (also durch den hinteren Maschenschenkel) stricken.

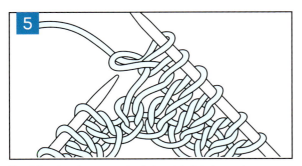

Die Masche dann von der linken Nadel gleiten lassen.

## LINKS GENEIGTE ZUNAHME AUS DEM QUERFADEN

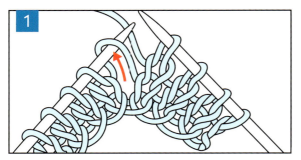

Mit der linken Nadel von vorn den Querfaden zwischen der rechten und linken Nadel aufnehmen.

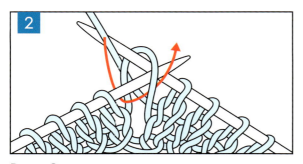

Diesen Querfaden rechts verschränkt stricken ...

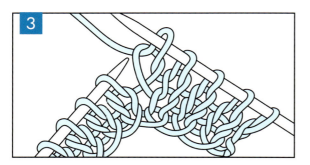

... und von der linken Nadel gleiten lassen.

## RECHTS GENEIGTE ZUNAHME AUS DEM QUERFADEN

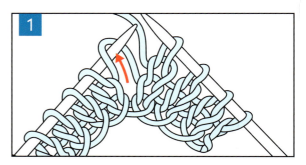

Mit der linken Nadel von hinten den Querfaden zwischen der rechten und linken Nadel aufnehmen.

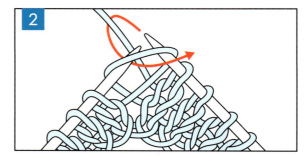

Diesen Querfaden normal rechts abstricken ...

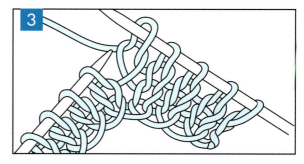

... und von der linken Nadel gleiten lassen.

# ABNAHMEN

## MASCHEN RECHTS ZUSAMMENSTRICKEN

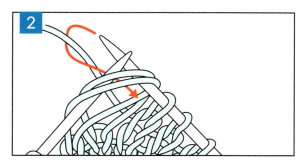

Die rechte Nadel von links nach rechts erst durch die übernächste, dann durch die nächste Masche auf der linken Nadel führen.

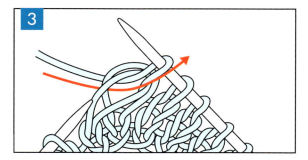

Den Arbeitsfaden wie zum Rechtsstricken durchholen.

Beide Maschen von der linken Nadel gleiten lassen. Auf diese Weise können natürlich auch drei oder mehr Maschen zusammengestrickt werden.

## MASCHEN LINKS ZUSAMMENSTRICKEN

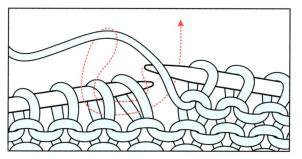

Mit der rechten Nadel von rechts nach links in die kommenden zwei Maschen einstechen und den Arbeitsfaden wie zum Linksstricken durch beide Maschen holen. Die Maschen von der linken Nadel gleiten lassen. Auf diese Weise können natürlich auch drei oder mehr Maschen zusammengestrickt werden.

• 13 •

## ÜBERZOGEN ZUSAMMENSTRICKEN

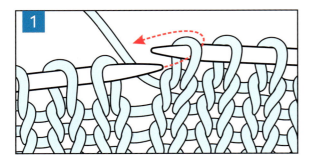

Eine Masche normal rechts abstricken, die nächste Masche wie zum Rechtsstricken abheben und beide zurück auf die linke Nadel heben.

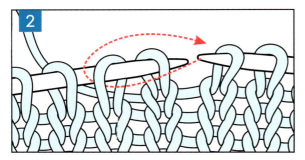

Dann die zweite (verdrehte) Masche auf der linken Nadel von links über die zurückgelegte, bereits gestrickte Masche ziehen.

Die gestrickte Masche wieder zurück auf die rechte Nadel heben.

## RECHTS ÜBERZOGEN ZUSAMMENSTRICKEN

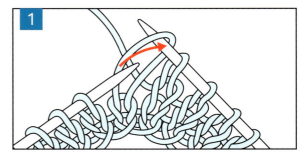

Die erste Masche wie zum Rechtsstricken abheben.

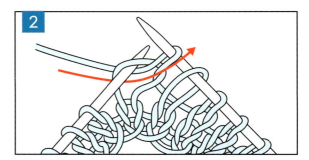

Die nächste Masche rechts stricken.

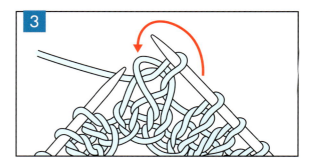

Die zuvor abgehobene Masche von rechts nach links überziehen.

Um 3 Maschen rechts überzogen zusammenzustricken, die erste Masche wie zum Rechtsstricken abheben. Die nächsten 2 Maschen rechts zusammenstricken. Dann die zuvor abgehobene Masche von rechts nach links überziehen.

## VERKÜRZTE REIHEN

### WENDEMASCHE ALS DOPPELMASCHE

Bei dieser Technik (im Englischen als „German Short Rows" bezeichnet) wird eine Doppelmasche gearbeitet, indem die Masche der Wendestelle nach der Wendung abgehoben und übergezogen wird. Wichtig ist dabei, später beide Schenkel der Masche als eine gemeinsame Masche zu zählen und zu stricken.

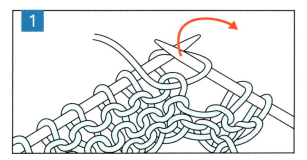

Nach der Wendung die erste Masche mit dem Faden vor der Arbeit wie zum Linksstricken abheben.

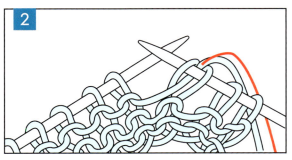

Anschließend den Arbeitsfaden über die rechte Nadel und über die eben gestrickte Masche nach hinten ziehen, sodass beide Maschenschenkel zu sehen sind.

## MASCHEN AUFFASSEN

### MASCHENAUFNEHMEN AUS EINER SEITENKANTE

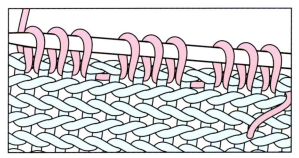

Wenn man Maschen aus einer Seitenkante eines Strickstücks auffasst, muss beachtet werden, dass gestrickte Maschen in der Regel breiter als hoch sind. Würde man aus jeder gestrickten Reihe eine Masche aufnehmen, würde die angestrickte Reihe zu breit werden. Will man Blenden anstricken, sollte zuvor ein Nahtrand gestrickt werden. So ergibt sich für jede Reihe eine feste Masche, aus der gut herausgestrickt werden kann.

## JACQUARDMUSTER

Jacquardmuster werden mit mehreren Farben gleichzeitig in Reihen oder Runden gearbeitet. Beim Stricken von Jacquardmustern finden laufend innerhalb einer Reihe Farbwechsel statt, wobei mit mindestens zwei Farben gleichzeitig gearbeitet wird. Das Zählmuster (siehe z. B. auf Seite 30) gibt dabei vor, wie viele Maschen in welcher Farbe ausgeführt werden.

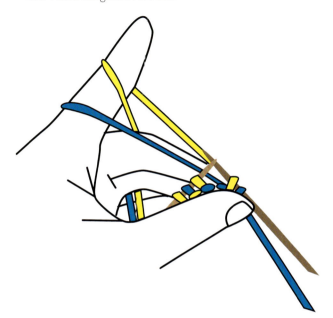

### FADENHALTUNG BEIM STRICKEN MIT ZWEI FÄDEN

Die Hauptfarbe wird von vorne nach hinten über den unteren Bereich des Zeigefingers gelegt, über den Handrücken geführt und dann zwischen Ring- und kleinem Finger arretiert.

Dann legt man die Nebenfarbe in der gleichen Weise über den oberen Bereich des Zeigefingers, hebt dann jedoch den Faden noch einmal an und legt ihn (gegen den Uhrzeigersinn) gedreht wieder zurück. Auch dieser Faden läuft über den Handrücken und wird zwischen Ring- und kleinem Finger arretiert.

Sobald man nun nach Muster die Haupt- oder Nebenfarbe strickt, verkreuzen sich die Fäden automatisch auf der Rückseite des Gestricks.

## DAS SOLLTEN SIE BEACHTEN

1. Die Spannfäden auf der Rückseite nicht zu locker oder zu straff ziehen. Nach 3 Maschen den hinteren Faden einweben.

2. Beim Jacquardstricken in größeren Runden (z. B. Pullover Oscar) empfiehlt es sich, die Faire-Isle-Technik mit zwei parallel laufenden Fäden zu verwenden (siehe Abbildung). Beim Stricken in Reihen und auch beim Ärmel ist es ratsam, mit nur einem Faden zu arbeiten und die Fäden separat zu verkreuzen.

3. Für schöne Übergange vom einfarbigen Bündchenmuster zum zweifarbigen Jacquardmuster und andersherum stets die erste bzw. letzte Reihe nach bzw. vor dem Bündchen glatt rechts in der Hauptfarbe stricken.

4. Um saubere Ränder bei den Abnahmen für Arm- und Halsausschnitte zu erhalten, ist es bei schwererem Gestrick wie dem Pullover Oscar sinnvoll, mit dem Jacquardmuster erst 4 Maschen nach Reihenbeginn zu starten bzw. das Muster schon 4 Maschen vor dem Ende der Reihe enden zu lassen. Die jeweils 4 Maschen dabei nur einfarbig in der Hauptfarbe stricken. Bei leichterem Gestrick wie der Jacke Laura kann das Jacquardmuster bis zum Rand geführt werden.

## MASCHEN ABKETTEN

### ABKETTEN DURCH ÜBERZIEHEN

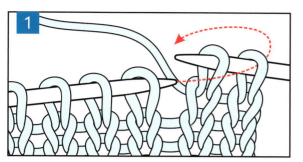

Stricken Sie die ersten beiden Maschen, wie sie erscheinen, und stechen Sie anschließend mit der linken Nadel von links in die zuerst abgestrickte Masche.

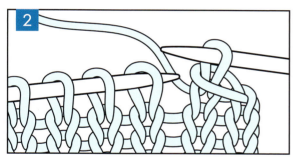

Ziehen Sie diese Masche über die danach gestrickte Masche und lassen Sie sie von der Nadel gleiten. Eine Masche wurde abgekettet. Stricken Sie die nächste Masche und ziehen Sie erneut die vorherige Masche über.

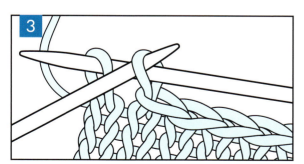

Auf diese Weise gehen Sie bis zum Ende des Strickstücks vor. Dort ziehen Sie das Fadenende durch die letzte Masche, lassen es beim Abschneiden aber lang genug, um damit später problemlos vernähen können.

### ELASTISCH ABKETTEN

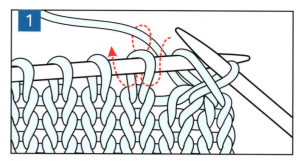

Gehen Sie wie beim Abketten durch Überziehen vor, aber lassen Sie die übergezogene Masche zunächst noch auf der linken Nadel. Stricken Sie daran vorbei die nächste Masche.

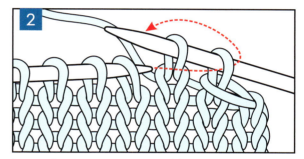

Lassen Sie die eben gestrickte Masche zusammen mit der noch auf der Nadel liegenden übergezogenen Masche von der Nadel gleiten.

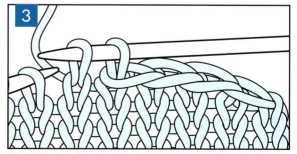

Wiederholen Sie die diese Schritte bis zum Ende des Strickstücks. Auf diese Weise ketten sie ganz locker ab.

## ZWEI KANTEN ZUSAMMEN ABKETTEN

Um zwei offene Kanten zusammen abzuketten, legen Sie die zwei Teile rechts auf rechts aufeinander und arbeiten mit einer dritten Stricknadel.

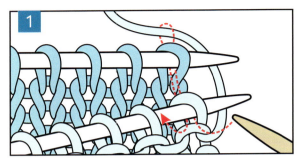

Stechen Sie mit der dritten Nadel in die jeweils erste Masche auf den beiden Nadeln wie zum Rechtsstricken ein.

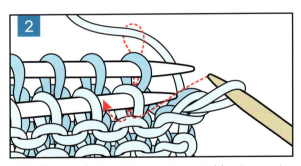

Holen Sie den Arbeitsfaden durch beide Maschen und lassen Sie die beiden Maschen von der Nadel gleiten.

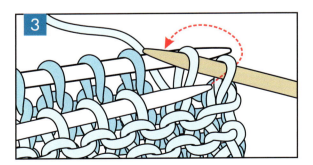

Wiederholen Sie diesen Schritt mit den nächsten beiden Maschen. Ziehen Sie dann die erste Masche über und fahren Sie bis zum Ende des Strickstücks fort.

## GARNENDEN EINSTRICKEN ODER EINWEBEN

Wenn Sie das alte Fadenende mit einstricken wollen, setzen Sie dazu den neuen Faden an und verstricken Sie ihn über einige Maschen zweifädig zusammen mit dem bisherigen Faden. Schneiden Sie das Ende des alten Fadens dann ab.

Bei verschiedenfarbigen Fäden ist das Einweben vorteilhafter. Stricken Sie die kommenden Maschen mit der neuen Farbe abwechselnd unter und über den alten Faden hinweg, z. B. mit der Methode von S. 16. Auf diese Weise weben Sie den alten Faden ein. Der andersfarbige, alte Faden verschwindet so im Maschenbild.

## DER RICHTIGE ABSCHLUSS

Das Waschen und Trocknen oder Dämpfen mit mehr oder weniger viel Spannung sorgt dafür, dass das Material „aufblüht" und Muster sich entfalten.

Zum Spannen von Strickstücken benötigen Sie eine Spannunterlage, T-Nadeln und ein angefeuchtetes Tuch (und zum Spannen auf Maß auch ein Maßband).

Legen Sie das Strickstück mit der rechten Seite nach unten in Form und stecken Sie es unter Spannung fest. Anschließend legen Sie ein angefeuchtetes Tuch darauf und lassen es wieder trocknen.

Das Dämpfen nach dem Zusammennähen empfiehlt sich partiell für Nähte, um diese zum Abschluss besser auszuarbeiten. Sie benötigen eine schmale Bügelunterlage (z. B. Armbügelbrett), ein trockenes Tuch und ein Dampfbügeleisen.

Legen Sie dazu das Strickstück vor sich hin, sodass Sie bequem eine Naht von der linken Seite bearbeiten können. Legen Sie ein trockenes Tuch darüber und geben Sie für einen kurzen Augenblick vorsichtig heißen Dampf. Darauf achten, das Bügeleisen nicht auf das Strickstück aufzusetzen oder aufzudrücken. Das Stück kurz abkühlen lassen und noch einmal kurz aufschütteln.

## TEILE VERBINDEN

### MASCHENSTICH AN GESCHLOSSENEN KANTEN

Mit dem Maschenstich können zwei Kanten unsichtbar aneinandergenäht werden. Der Stich bildet eine gestrickte Masche nach, sodass es aussieht, als wäre das Teil in einem Stück gestrickt worden. Arbeiten Sie von rechts nach links. Zu Beginn stechen Sie von hinten in die Mitte der unteren ersten Masche. Führen Sie dann die Nadel unter den beiden Maschengliedern der darüberliegenden Masche des oberen Teils durch. Anschließend stechen Sie von oben zurück in die Mitte der ersten unteren Masche. Führen Sie die Nadel vorn aus der Mitte der links danebenliegenden Masche wieder aus. Nun die zwei Maschenschenkel der darüberliegenden nächsten Masche ergreifen und in dieser Weise bis zum Ende weiterarbeiten.

### RÜCKSTICH

Für den Rückstich (auch Steppstich) werden die Strickstücke rechts auf rechts aufeinandergelegt oder gesteckt.

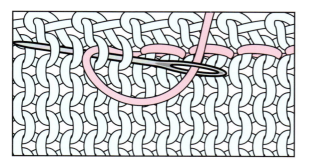

Stechen Sie stets von hinten nach vorn durch beide Teile und danach von vorn nach hinten durch die Austrittsstelle des vorangegangenen Stichs.

### MATRATZENSTICH GLATT RECHTS

Legen Sie die Kanten der zu verbindenden Teile jeweils mit der rechten Seite nach oben nebeneinander und fassen Sie mit der Wollnadel die Querfäden zweier Maschen des linken Teils auf, die zwischen Randmaschen und der ersten rechten Masche liegen. Anschließend wird die Wollnadel von unten nach oben in zwei Querfäden der Maschen auf der parallel gegenüberliegenden Seite geführt. Wiederholen Sie diesen Vorgang bis zum Kantenende und ziehen Sie den Faden dabei regelmäßig sanft fest.

## ÄRMEL EINSETZEN

Zuerst Schulter- und Seitennähte schließen, ggf. die Seitennahtbereiche mit einem Faden markieren. Evtl. mit einem Heftfaden die Nahtlinie markieren. Nun auf link wenden. Den Ärmel einstecken und Seitennaht und Schulterpunkt fixieren. Den Ärmel feststecken, dabei unter dem Arm Naht auf Naht legen. In den oberen Bereichen darauf achten, den Ärmel etwas einzurücken, sodass die Naht nicht in den abgeketteten Rändern verläuft und eine saubere Kante entsteht. Mit Rückstichen festnähen.

# I-CORD-SPECIAL

Die folgenden Angaben beziehen sich auf einen I-Cord über 2 oder 3 Maschen; der I-Cord kann aber auch je nach Gestaltungswunsch und Garnstärke bis über 10 Maschen gearbeitet werden.

## I-CORD (KORDEL)

Mit 2 Nadeln des Nadelspiels 3 Maschen anschlagen, * die 3 Maschen rechts stricken, die Arbeit nicht wenden, sondern die 3 Maschen an das andere Ende der Nadel schieben. Den Faden hinter der Arbeit an den Nadelanfang holen und wieder die 3 Maschen rechts stricken. Ab * wiederholen, bis die Kordel die gewünschte Länge hat. Die Maschen abketten.

## I-CORD-ANSCHLAG MÜTZENSPITZE

**1. Reihe:** Mit 2 Nadeln des Nadelspiels 4 Maschen anschlagen, 4 Maschen rechts stricken, die Arbeit nicht wenden, sondern die Maschen an das andere Ende der Nadel schieben.
**2. Reihe:** Den Faden hinter der Arbeit an den Nadelanfang holen und die Maschen rechts stricken.
**3. Reihe:** Den Faden hinter der Arbeit an den Nadelanfang holen und aus jeder Masche 2 Maschen herausstricken. Die 8 Maschen auf 4 Nadeln verteilen und die Arbeit zur Runde schließen. Den Rundenbeginn mit einem Maschenmarkierer kennzeichnen.

**1. Runde:** Rechte Maschen stricken.
**2. Runde:** Aus jeder Masche 2 Maschen herausstricken (= 16 Maschen).
**3. Runde:** Wie die 1. Runde stricken.
**4. Runde:** Aus jeder 2. Masche 2 Maschen herausstricken (= 24 Maschen).
**5. Runde:** Wie die 1. Runde stricken.
**6. Runde:** Aus jeder 3. Masche 2 Maschen herausstricken (= 32 Maschen).
**7. Runde:** Wie die 1. Runde stricken.

Nach diesem Prinzip in jeder 2. Runde über den gleichen Stellen zunehmen (je Runde 8 Maschen), bis die gewünschte Maschenzahl erreicht ist.

## I-CORD ANSTRICKEN

* Nur 2 Maschen stricken, dann die 3. Masche abheben, 1 Masche auffassen, diese rechts stricken und die abgehobene Masche darüberziehen. Die Maschen an das andere Ende der Nadel schieben und ab * wiederholen.

## I-CORD-RAND

I-Cord an der linken Seite anstricken: Die äußeren 2 oder 3 Maschen des linken Randes werden als I-Cord mit hochgeführt. Dafür jeweils * in der Hinreihe bis vor die 2 bzw. 3 I-Cord-Maschen stricken, die Arbeit wenden. In der Rückreihe den Faden an den Reihenanfang holen, dabei liegt der Faden vor der Arbeit. Die 2 bzw. 3 I-Cord-Maschen links stricken. Beim Farbwechsel die Fäden auf der Rückseite verkreuzen. Die Reihe beenden. Die Arbeit wenden. Ab * wiederholen.

I-Cord an der rechten Seite anstricken: Die äußeren 2 oder 3 Maschen des rechten Randes werden als I-Cord mit hochgeführt. Dafür jeweils * in der Rückreihe bis vor die 2 bzw. 3 I-Cord-Maschen stricken, die Arbeit wenden. In der Hinreihe den Faden an den Reihenanfang holen, dabei liegt der Faden hinter der Arbeit. Die 2 bzw. 3 I-Cord-Maschen rechts stricken. Beim Farbwechsel die Fäden auf der Rückseite verkreuzen. Die Reihe beenden. Die Arbeit wenden. Ab * wiederholen.

## I-CORD ÜBER 3 MASCHEN BEIDSEITIG UM DIE ECKE FÜHREN

Hinweis: Diese Anleitung bezieht sich auf den Mantel Emma auf Seite 62. Das Prinzip lässt sich aber auf jedes andere Strickstück übertragen, das Sie an drei Seiten mit einem I-Cord „einfassen" möchten.

Mit 2 Nadeln des Nadelspiels 3 Maschen mit einem 20 cm langen Hilfsfaden anschlagen. Nun von einem Knäuel Originalgarn ein Drittel abwickeln und das kleinere Knäuel nach rechts legen, das größere Knäuel nach links. Mit dem Verbindungsfaden der beiden Knäuel nun die 3 Hilfsmaschen rechts stricken, nicht wenden, sondern an den Anfang der Nadel schieben und wieder rechts stricken (siehe Beschreibung I-Cord-Kordel). Auf diese Weise den I-Cord für den unteren Rand (von Vorderteil, Rückenteil und Vorderteil) bis zur gewünschten Länge stricken.

Dabei ergibt sich die Länge des I-Cords (R-Zahl I-Cord gesamt) wie folgt:

1 Hilfsreihe (Hilfsanschlag)

+ 1 Reihe I-Cord (die 3 Maschen dieser Reihe werden zum I-Cord rechts)

+ 1 Reihe I-Cord (für die rechte Ecke, um die der I-Cord geführt werden soll)

+ x Reihen; entspricht der Anzahl Maschen (x Maschen), welche zwischen dem I-Cord im Grundmuster gestrickt werden sollen

+ 1 Reihe I-Cord (für die linke Ecke, um die der I-Cord geführt werden soll)

+ 1 Reihe I-Cord (die 3 Maschen dieser Reihe werden zum I-Cord links)

Nachdem der I-Cord in der entsprechenden Länge gestrickt wurde, werden nun die Maschen für den Body aus dem I-Cord aufgefasst und dieser im Folgenden rechts und links am Body hochgeführt (siehe Schemazeichnung).

Dafür die 3 I-Cord-Maschen auf die rechte Nadel der Rundstricknadel nehmen. Damit der I-Cord in einer Rundung um die Ecke des Vorderteils geführt werden kann, wird aus der ersten nebenliegenden Reihe des I-Cords keine Masche aufgefasst. Nun die Maschenzahl x Maschen aus dem I-Cord auffassen und rechts stricken, dafür immer mit der linken Nadel aus dem I-Cord je Reihe einen Maschenschenkel auf die Nadel nehmen und rechts stricken. Darauf achten, dass die Maschen in einer Linie aufgenommen werden. Aus der folgenden, vorletzten Reihe keine Masche auffassen. Es sind noch 1 I-Cord-Reihe und der Hilfsanschlag für die Seite des anderen Vorderteils übrig. Nun den Faden des Hilfsanschlags aus der I-Cord-Reihe entfernen und diese 3 Maschn auf die rechte Nadel heben. Diese Maschen werden nun als I-Cord am linken Rand mit hochgeführt. Die Arbeit wenden. * Rückreihe: Der Arbeitsfaden liegt nun vor der Arbeit links von den 3 I-Cord-Maschen. Den Faden an den Reihenanfang nehmen, dabei liegt der Faden vor der Arbeit. Die 3 I-Cord-Maschen links sowie alle folgenden Maschen bis zu den letzten 3 I-Cord-Maschen links stricken, die letzten 3 I-Cord-Maschen nicht stricken, sondern auf die rechte Nadel heben.

Die Arbeit wenden. Hinreihe: Den Faden an den Reihenanfang holen, dabei liegt der Faden hinter der Arbeit. Die 3 I-Cord-Maschen rechts stricken und nun mit der 1. Reihe des Grundmusters beginnen. Am Ende der R wieder die 3 I-Cord-Maschen nicht stricken, sondern die Maschen auf die rechte Nadel heben, die Arbeit wenden und ab * wiederholen. Dabei zwischen den I-Cord-Maschen dem Grundmuster folgen.

## I-CORD BEIDSEITIG UM DIE ECKE FÜHREN

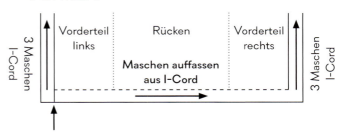

# SOCKEN STRICKEN –
## GRUNDANLEITUNG FÜR EINE GLATT RECHTS GESTRICKTE SOCKE

### FERSENWAND

Nachdem die richtige Beinlänge erreicht ist, beginnt die Ferse. Dafür arbeiten Sie zuerst die Fersenwand: Die 2. und 3. Nadel werden stillgelegt und Sie stricken nur über die Maschen der 1. und 4. Nadel.

Beginnen Sie nach einer kompletten Runde und stricken Sie die Maschen der 1. Nadel ab. Wenden Sie dann die Socke und stricken Sie in der Rückreihe mit linken Maschen zuerst die Maschen der 1. Nadel und auch die Maschen der 4. Nadel auf die gleiche Nadel ab. Nun liegen alle Maschen der Fersenwand auf einer Nadel. Stricken Sie in Hinreihen rechte Maschen und in Rückreihen linke Maschen. Wenn keine anderen Angaben gemacht sind, wird die Fersenwand ohne Randmaschen gestrickt, d. h. einfach alle Maschen in Hinreihen rechts, in Rückreihen links stricken.

### DREIGETEILTES KÄPPCHEN

Das Käppchen ist der Teil der Socke, an dem die Rundung für die Ferse geschaffen wird. Teilen Sie dafür die Maschen der Fersenwand den Angaben entsprechend in 3 Teile und markieren Sie die 3 Teile mit Hilfsfäden oder Maschenmarkierern. Die Maschenanzahl des mittleren Teils bleibt unverändert, die rechts und links des mittleren Bereichs liegenden Maschen werden nach und nach abgenommen.

Beispiel: Bei einer 5/6/5-Einteilung bleiben nach allen Abnahmen nur noch die mittleren 6 Maschen auf der Nadel übrig. In der 1. Hinreihe nach der Fersenwand stricken Sie zunächst alle rechts von der Mitte liegenden Maschen (in unserem Beispiel 5), danach die mittleren Maschen bis auf die letzte (im Beispiel: 5 Maschen) und heben die letzte der mittleren Maschen wie zum Linksstricken ab, der Faden liegt dabei hinter der Arbeit. Dann stricken Sie die 1. Masche des links der Mitte liegenden Teils rechts und ziehen die abgehobene Masche darüber. Wenden Sie die Arbeit.

In der folgenden Rückreihe arbeiten Sie über die Maschenanzahl des Mittelteils linke Maschen, stricken allerdings die letzte Masche des Mittelteils mit der 1. Masche des rechten Teils links zusammen. Wenden Sie die Arbeit. Wiederholen Sie das Ganze, bis nur noch die Maschen des Mittelteils (hier 6 Maschen) übrig sind.

### AUFNAHME DER SPICKELMASCHEN

Nun wird wieder in Runden gestrickt. Beginnen Sie mit der 1. Nadel mit den verbleibenden Maschen des Käppchens und stricken Sie aus der linken Seite der Fersenwand den Angaben entsprechend Maschen heraus.

Den Musterangaben entsprechend die Maschen der 2. und 3. Nadel abstricken.

Nun stricken Sie mit der 4. Nadel aus der rechten Fersenwand genauso viele Maschen wie aus der linken Fersenwand heraus und arbeiten noch zusätzlich die Hälfte der Maschen aus dem Mittelteil des Käppchens.

Auf der 1. und 4. Nadel liegt nun die gleiche Maschenanzahl (= je ¼ der Gesamtmaschenzahl plus je die Hälfte des Mittelteils des Käppchens), die 2. und 3. Nadel haben ebenfalls eine identische Maschenanzahl (= je ¼ der Gesamtmaschenzahl). Der Rundenübergang bzw. die hintere Mitte liegt wieder zwischen der 4. und 1. Nadel.

Nun stricken Sie eine Runde.

### ABNAHME DER SPICKELMASCHEN

Die zusätzlich aufgenommenen Spickelmaschen von der 1. und 4. Nadel werden nach und nach wieder abgenommen, bis wieder alle 4 Nadeln die gleiche Maschenanzahl haben:

1. Spickelrunde: Die 1. Nadel abstricken, dabei die dritt- und vorletzte Masche rechts zusammenstricken, die letzte Masche der Nadel rechts stricken. Die 2. und 3. Nadel abstricken. Die 1. Masche der 4. Nadel abstricken, dann die 2. Masche wie zum Linksstricken abheben, der Faden liegt dabei hinter der Arbeit. Die 3. Masche stricken und die 2. Masche darüberziehen. Die 4. Nadel bis zum Ende abstricken.

Die Spickelrunde so oft wiederholen, bis wieder auf allen Nadeln die gleiche Maschenanzahl (= ¼ der Gesamtmaschen) liegt.

### FUSS

Bis zum Beginn der Spitze weiter in Runden stricken.

## BANDSPITZE

Sobald die angegebene Länge erreicht ist, wird die Spitze gearbeitet:

1. Runde: Die 1. Nadel abstricken, dabei die dritt- und vorletzte Masche rechts zusammenstricken, die letzte Masche rechts stricken. Von der 2. Nadel die 1. Masche rechts stricken, dann 1 Masche abheben, 1 Masche rechts stricken und die abgehobene Masche über die gestrickte Masche ziehen. Alle weiteren Maschen abstricken.

Die 3. Nadel wie die 1. Nadel und die 4. Nadel wie die 2. Nadel stricken.

Alle folgenden Runden wie die 1. Runde stricken, bis nur noch insgesamt 8 Maschen übrig sind.

## FERTIGSTELLEN

Den Faden abschneiden und durch die verbleibenden Maschen ziehen.

Alle Fäden vernähen.

# ABKÜRZUNGEN

**abh** = abheben

**abn/Abn** = abnehmen/Abnahme(n)

**anschl** = anschlagen

**Fb** = Farbe

**HF** = Hauptfarbe

**LL** = Lauflänge

**M** = Masche(n)

**Nd** = Nadel

**QF** = Querfaden

**R** = Reihe(n)

**Rd** = Runde(n)

**str** = stricken

**U** = Umschlag/Umschläge

**verschr** = verschränkt

**wdh** = wiederholen

**zun/Zun** = zunehmen/Zunahme(n)

**zus** = zusammen

# HINWEISE UND STRICKTIPPS

Strickschriften und Zählmuster in Runden werden stets von rechts nach links gelesen. Strickschriften und Zählmuster in Reihen werden in den Hinreihen von rechts nach links, in den Rückreihen von links nach rechts gelesen.

Alle Angaben zum Strickstück (z. B. rechtes und linkes Vorderteil, rechter und linker Rand) beziehen sich immer auf die Tragesicht, also auf die Sicht desjenigen, der das Kleidungsstück trägt.

Lesen Sie die Anleitung zuerst in Ruhe durch und markieren Sie sich die Angaben entsprechend der Größe, welche Sie stricken möchten. So haben Sie beim Stricken gleich die entsprechenden Zahlen markiert und müssen nicht lange suchen.

In den meisten Fällen reichen die für das Hauptkleidungsstück (Pullover, Mantel, Hose) angegebenen Garnmengen auch noch für das dazugehörige Accessoire.

## STRICKSCHRIFT-LEGENDE

▪ = 1 Masche rechts

▯ = 1 Masche links

○ = 1 Umschlag

● = Randmasche

◢ = 2 Maschen rechts zusammenstricken

◣ = 2 Maschen rechts überzogen zusammenstricken
= 1 Masche abheben, 1 Masche rechts stricken,
dann die abgehobene Masche überziehen)

▲ = 3 Maschen rechts überzogen zusammenstricken
(= 1 Masche abheben, 2 Maschen rechts zusammenstricken, dann die abgehobene Masche überziehen)

▪▫▪ = 1 Masche auf einer Hilfsnadel vor die Arbeit legen, 1 Masche rechts stricken, dann die Masche der Hilfsnadel rechts stricken

▪▫▪ = 1 Masche auf einer Hilfsnadel hinter die Arbeit legen, 1 Masche rechts stricken, dann die Masche der Hilfsnadel rechts stricken

▪▪▫▫ = 2 Maschen auf einer Hilfsnadel vor die Arbeit legen, 2 Maschen rechts stricken, dann die Maschen der Hilfsnadel rechts stricken

▪▪▫▫ = 2 Maschen auf einer Hilfsnadel hinter die Arbeit legen, 2 Maschen rechts stricken, dann die Maschen der Hilfsnadel rechts stricken

## SCHWIERIGKEITSGRAD

 = leicht

 = mittel

 = schwierig

# Projekte

# Laura

## ZAUBERHAFTER JACQUARDSTRICK FÜR KLEINE MÄDCHEN

### Jäckchen

## GRÖSSE

74/80, 50/56, 62/68, 86/92

Für die Größe 74/80 stehen die Angaben vor der Klammer, für die Größen 50/56, 62/68, 86/92 stehen die Angaben in der Klammer, durch Schrägstriche getrennt. Steht nur eine Angabe, gilt diese für alle Größen.

## MATERIAL

- Rosy Green Wool Cheeky Merino Joy (100 % Schurwolle, LL 320 m/100 g) in Blackberry (Fb 101), Wild Mallow (Fb 057), Blackberry Sorbet (Fb 105) und Peony (Fb 126), je 100 g
- Rundstricknadel 2,5 mm und 3,5 mm, je 80 cm lang
- Nadelspiel 2,5 mm und 3,5 mm
- 2 Maschenmarkierer
- 5 Knöpfe, Ø 15 mm

## MASCHENPROBE

Mit Nd 3,5 mm im Jacquardmuster:
26 M und 28 R = 10 x 10 cm

## FARBAUFTEILUNG

**HF:** Blackberry
**Fb 1:** Wild Mallow
**Fb 2:** Blackberry Sorbet
**Fb 3:** Peony

## RANDMASCHEN

**Knötchenrand:** * Am R-Anfang den Faden hinter die Arbeit legen und die Rand-M wie zum Rechtsstr abh. Dann die R mustergemäß str und am R-Ende die Rand-M rechts str. Die Arbeit wenden und ab * wdh.

## BÜNDCHENMUSTER

**1/1-Rippe in Rd:**
* 1 M rechts, 1 M links str, ab * stets wdh.

**1/1-Rippe in R:**
**1. R (Hin-R):** Rand-M, * 1 M rechts, 1 M links str, ab * stets wdh, Rand-M.
**2. R (Rück-R):** Zwischen den Rand-M die M str, wie sie erscheinen.

## GLATT RECHTS

**In R:** In Hin-R alle M rechts str, in Rück-R alle M links str.
**In Rd:** Alle M rechts str.

## JACQUARDMUSTER

Hinweise für das Jacquardstricken auf S. 16 beachten.

**Body (Vorderteile und Rückenteil Jäckchen):** Alle R glatt rechts nach dem Zählmuster Body str. Zwischen den Rand-M den Mustersatz = die 8.–33. (18.–43./13.–38./1.–26.) M 5x (4x/4x/5x) str, dann noch 1x die 8.–12. (18.–28./13.–33./1.–19.) M des Mustersatzes str.

**Ärmel:** Alle Rd/R glatt rechts nach dem Zählmuster Ärmel str. Die 2.–42. (3.–41./2.–42./1.–43.) M 1x str. Die M, die für die Ärmelschräge zugenommen werden, in das Muster einfügen.

**Höhenrapport für Body und Ärmel:**

**Bereich A** (= 1.–13. R/Rd): HF und Fb 1
**Bereich B** (= 14.–26. R/Rd): HF und Fb 2
**Bereich A** (= 27.–39. R/Rd): HF und Fb 3
**Bereich B** (= 40.–52. R/Rd): HF und Fb 1
**Bereich A** (= 53.–65. R/Rd): HF und Fb 2
**Bereich B** (= 66.–78. R/Rd): HF und Fb 3

## ANLEITUNG

Das Jäckchen wird ohne Seitennähte vom unteren Rand bis zur Höhe der Armausschnitte in R gestrickt. Vorderteile und Rückenteil (Body) werden parallel zur Abn der Armausschnitte separat in R beendet. Die Ärmel werden separat in Rd gestrickt und dann eingesetzt.

### MASCHENANSCHLAG UND -EINTEILUNG BODY

Mit Rundstrick-Nd 2,5 mm und der HF 137 (117/127/151) M anschl und 7 R (= 2 cm) im Bündchenmuster str. Dann eine Rück-R linke M in der HF str. Nun die M einteilen wie folgt: Vorderteile je 33 (29/31/37) M, Rückenteil 71 (59/65/77) M. Die „Seitennähte" kennzeichnen, dazu zwischen Vorderteilen und Rückenteil jeweils einen M-Markierer setzen.

Zu Rundstrick-Nd 3,5 mm wechseln. Ab der nächsten Hin-R zwischen den Rand-M glatt rechts im Jacquardmuster nach dem Zählmuster str: Die 8.–33. (18.–43./13.–38./1.–26.) M 5x (4x/4x/5x) str, dann noch 1x die 8.–12. (18.–28./13.–33./1.–19.) M str. Den Höhenrapport wie angegeben arbeiten. Die Kontrast-Fb fortlaufend von Fb 1 bis Fb 3 str.

### ARM- UND HALSAUSSCHNITTE

In 17 (13/15/19) cm Gesamthöhe für die Armausschnitte jeweils an den Vorderteilen und beidseitig am Rückenteil M abk, dazu jeweils zu beiden Seiten der M-Markierer wie folgt abk:

**Für alle Größen:**

In der 1. R 1x 3 M abk.
In jeder 2. R 1x 2 M und 2x 1 M abk.

**Zusätzlich nur für Größe 86/92:** 1x 1 M beidseitig am Rückenteil abk.

Es bleiben für die Vorderteile je 26 (22/24/29) M, für das Rückenteil je 57 (45/51/61) M. Das Jacquardmuster über die vorhandenen M fortführen.

## ZÄHLMUSTER BODY

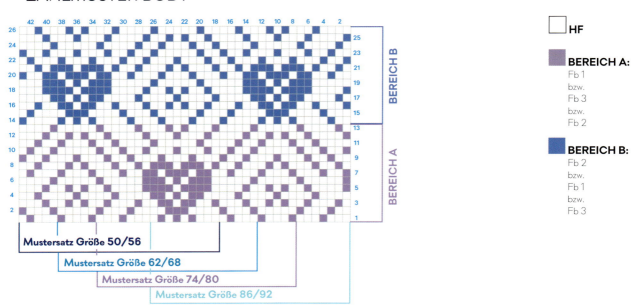

Für das Rückenteil in 27 (21/24/30) cm Gesamthöhe die mittleren 19 (15/17/23) M abk. Die Seiten des Rückenteils mit je 19 (15/17/19) M getrennt beenden, dabei jeweils am Halsausschnittrand wie folgt abk:

**Für Größe 74/80 und 86/92:** In jeder 2. R 2x 5 M abk.

**Für Größe 50/56 und 62/68:** In jeder 2. R 2x 4 M abk.

Es bleiben je Seite 9 (7/9/9) M.
In 29 (23/26/32) cm Gesamthöhe alle M abk.

Für das rechte Vorderteil bei 26 (20/23/28) cm Gesamthöhe auf der rechten Seite 7 (5/6/7) M abk. Dann wie folgt arbeiten:

**Für Größe 74/80:** In jeder 2. R 1x 4 M, 1x 3 M und 2x 2 M abk.

Es bleiben je Seite 8 M.

**Für Größe 86/92:** In jeder 2. R 2x 4 M, 1x 3 M und 1x 2 M abk.

Es bleiben je Seite 9 M.

**Für Größe 50/56:** In jeder 2. R 1x 4 M, 2x 2 M und 1x 1 M abk.

Es bleiben je Seite 7 M.

**Für Größe 62/68:** In jeder 2. R 1x 4 M, 1x 3 M, 1x 2 M und 1x 1 M abk.

Es bleiben je Seite 9 M.
In 29 (23/26/32) cm Gesamthöhe alle M abk.

Das linke Vorderteil gegengleich arbeiten.

### ÄRMEL (2x)

Mit Nd-Spiel 2,5 mm und der HF 41 (39/41/43) M anschl und die Arbeit zur Rd schließen. 6 Rd (= 2 cm) im Bündchenmuster str, dann 1 Rd rechte M in der HF arbeiten.

Nun den Rd-Beginn mit einem M-Markierer kennzeichnen. Zu Nd-Spiel 3,5 mm wechseln und glatt rechts im Jacquardmuster nach dem Zählmuster arbeiten: Die 2.–42. (3.–41./2.–42./1.–43.) M 1x str. Die Kontrast-Fb fortlaufend von Fb 1 bis Fb 3 str. Für die Ärmelschrägung beidseitig des M-Markierers in jeder 6. Rd 8x (2x/6x/10x) je 1 M zun, dazu jeweils aus 1 M 2 M (= 1 M rechts, 1 M rechts verschränkt) herausstr.

## ZÄHLMUSTER ÄRMEL

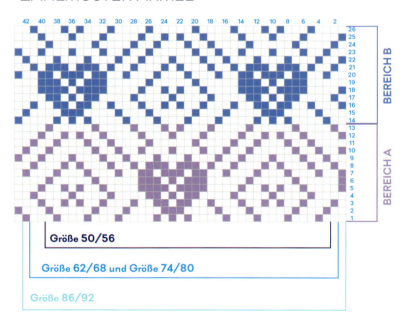

HF

**BEREICH A:**
Fb 1
bzw.
Fb 3
bzw.
Fb 2

**BEREICH B:**
Fb 2
bzw.
Fb 1
bzw.
Fb 3

**Zusätzlich nur für Größe 50/56:** Beidseitig in jeder 5. Rd 3x 1 M zun.

Die zugenommenen M in das Muster einfügen.

Weitere 6 (5/6/4) Rd im Muster str. Nach 54 (32/42/64) Rd = 21 (13/17/25) cm Gesamthöhe sind 57 (49/53/63) M vorhanden.

Nun in R weiterarbeiten (Rd-Beginn = R-Beginn) und für die Armkugel in der 1. R (Hin-R) und 2. R die äußeren 3 (3/3/4) M abk, dann beidseitig in jeder 2. R 3x (7x/5x/2x) 2 M abk.

**Zusätzlich für Größe 74/80:** Beidseitig in jeder 2. R: 4x 3 M abk.

**Zusätzlich für Größe 62/68:** Beidseitig in jeder 2. R 2x 3 M abk.

**Zusätzlich für Größe 86/92:** Beidseitig in jeder 2. R 4x 3 M, 1x 4 M abk.

Nach insgesamt 68 (46/67/77) Rd/R = 26 (18/22/30) cm Gesamthöhe die verbleibenden 15 M abk.

## FERTIGSTELLEN

Die Teile spannen. Die Schulternähte schließen.

Für die Ausschnittblende aus dem Halsausschnitt 74 (66/70/78) M mit dem Nd-Spiel 2,5 mm auffassen und 6 R im Bündchenmuster str.

Für die Verschlussblenden mit der Rundstrick-Nd 2,5 mm entlang beider Vorderteile 82 (66/74/90) M auffassen und in R im Bündchenmuster, dabei am rechten Vorderteil bei 1 cm Gesamthöhe 5 Knopflöcher einarbeiten: das erste und das letzte 2 cm vom Rand, die anderen dazwischen gleichmäßig verteilt. Für ein Knopfloch wie folgt arbeiten: 1 M rechts, 1 U, 2 M rechts zusammenstr. Den U in der folgenden R mustergemäß abstr. Nach 2 cm Gesamthöhe alle M abk.

Die Ärmel einsetzen (siehe Seite 19). Alle Fäden sauber vernähen. Auf der linken Verschlussblende die Knöpfe annähen.

## BODY

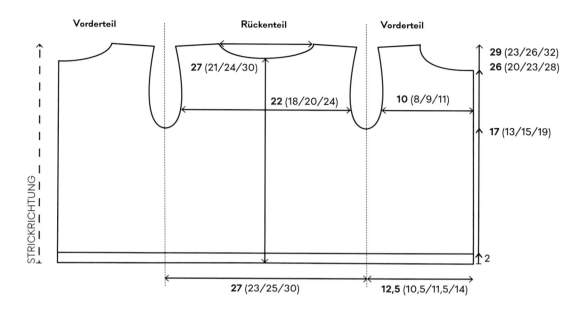

## ½ ÄRMEL

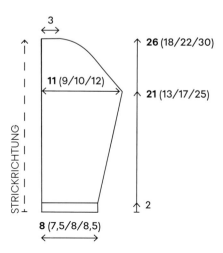

# Handschuhe

## GRÖSSE

1–2 Jahre (0–1 Jahr)

Für die Größe 1–2 Jahre stehen die Angaben vor der Klammer, für die Größe 0–1 Jahr stehen die Angaben in der Klammer. Steht nur eine Angabe, gilt sie für beide Größen.

## MATERIAL

♥ Rosy Green Wool Cheeky Merino Joy (100 % Schurwolle, LL 320 m/100 g) in Blackberry (Fb 101), Wild Mallow (Fb 057), Blackberry Sorbet (Fb 105) und Peony (Fb 126), je ca. 25 g

♥ Nadelspiel 3,0 mm

♥ Maschenmarkierer

## MASCHENPROBE

Mit Nd 3,0 mm im Jacquardmuster: 28 M und 30 R = 10 x 10 cm

## FARBAUFTEILUNG

**HF:** Blackberry
**Fb 1:** Wild Mallow
**Fb 2:** Blackberry Sorbet
**Fb 3:** Peony

## BÜNDCHENMUSTER

**1/1-Rippe in Rd:** * 1 M rechts, 1 M links str, ab * stets wdh.

## JACQUARDMUSTER

Hinweise für das Jacquardstricken auf S. 16 beachten. Alle Rd glatt rechts nach dem Zählmuster Handschuh und Söckchen str. Den Mustersatz von 6 M stets wdh. Die 1.–8. Rd stets wdh.

## ANLEITUNG

### HANDSCHUH (2x)

Mit Nd-Spiel 3,0 mm und der HF 36 M anschl, die M gleichmäßig auf 4 Nd verteilen, die Arbeit zur Rd schließen und den Rd-Beginn mit einem M-Markierer kennzeichnen. 22 Rd (= 6 cm) im Bündchenmuster str. 1 Rd rechte M in der HF arbeiten, dann glatt rechts im Jacquardmuster nach dem Zählmuster str: Den Mustersatz von 6 M 6x pro Rd str.

**Für Größe 1–2 Jahre:** Die 1.–8. Rd 3x str.

**Für Größe 0–1 Jahr:** Die 1.–8 Rd 2x str, dann die 1.–4 Rd noch 1x arbeiten.

Dabei die Kontrast-Fb fortlaufend von Fb 1 bis Fb 3 str.

Abschließend noch 1 Rd glatt rechts in der HF str.

Nach 49 (45) Rd = in 14 (13) cm Gesamthöhe glatt rechts in der HF weiterarbeiten und für die Spitze 7 Rd str, dabei in jeder Rd wie folgt abn:

**1. und 3. Nd:** Die M der Nd bis auf 3 M str, dann die 2 M rechts zusammenstr, 1 M rechts.

**2. und 4. Nd:** Die ersten 3 M der Nd 1 M rechts, dann 2 M rechts überzogen zusammenstr, die restlichen M der Nd str.

Den Arbeitsfaden etwa 20 cm lang abschneiden, mit einer Woll-Nd durch die verbleibenden 8 M führen und diese fest zusammenziehen. Den Faden nach innen ziehen und vernähen.

### KORDEL (I-CORD)

Mit 2 Nd des Nd-Spiels 3 M anschl, * 3 M rechts str, die Arbeit nicht wenden, sondern die M an das andere Ende der Nd schieben. Den Faden hinter der Arbeit an den Nd-Anfang holen und wieder 3 M rechts str. Ab * wdh, bis die Kordel eine Länge von 55 (50) cm hat. Die M abk.

### FERTIGSTELLEN

Die Kordelenden jeweils am äußeren Bündchenrand der Handschuhe annähen.

Alle Fäden vernähen.

# Söckchen

## GRÖSSE

1–2 Jahre = 12 cm Fußlänge (0–1 Jahr = 10 cm Fußlänge)

Für die Größe 1–2 Jahre stehen die Angaben vor der Klammer, für die Größe 0–1 Jahr stehen die Angaben in der Klammer. Steht nur eine Angabe, gilt sie für beide Größen.

## MATERIAL

♥ Rosy Green Wool Cheeky Merino Joy (100 % Schurwolle, LL 320 m/100 g) in Blackberry (Fb 101), Wild Mallow (Fb 057), Blackberry Sorbet (Fb 105) und Peony (Fb 126), je ca. 25 g

♥ Nadelspiel 3,0 mm

♥ Maschenmarkierer

## MASCHENPROBE

Mit Nd 3,0 mm im Jacquardmuster: 28 M und 30 R = 10 x 10 cm

## FARBAUFTEILUNG

**HF:** Blackberry
**Fb 1:** Wild Mallow
**Fb 2:** Blackberry Sorbet
**Fb 3:** Peony

## BÜNDCHENMUSTER

**1/1-Rippe in Rd:** * 1 M rechts, 1 M links str, ab * stets wdh.

## GLATT RECHTS

**In Rd:** Alle M rechts str.
**In R:** In Hin-R alle M rechts str, in Rück-R alle M links str.

## JACQUARDMUSTER

Hinweise für das Jacquardstricken auf S. 16 beachten. Alle Rd glatt rechts nach dem Zählmuster Handschuh und Söckchen str. Den Mustersatz von 6 M stets wdh. Die 1.–8. Rd stets wdh.

## ANLEITUNG

### SÖCKCHEN (2x)

Bitte beachten Sie auch die Anleitung zum Sockenstricken auf Seite 22/23. 36 M in der HF anschl, die M gleichmäßig auf 4 Nd verteilen, die Arbeit zur Rd schließen und den Rd-Beginn mit einem M-Markierer kennzeichnen. 12 Rd (= 3 cm) im Bündchenmuster str. 1 Rd rechte M in der HF arbeiten, dann glatt rechts im Jacquardmuster nach dem Zählmuster str: Den Mustersatz von 6 M 6x pro Rd str. Die 1.–8. Rd 2x str, dabei die Kontrast-Fb fortlaufend von Fb 1 bis Fb 3 str.

Anschließend die Käppchenferse zweifädig in der HF glatt rechts in R über die 18 M der 1. und 4. Nd arbeiten, die M der 2. und 3. Nd stilllegen. Für die Fersenwand 6 R hochstr. Die M in drei gleich große Teile aufteilen: 6/6/6. In der nächsten Hin-R das Käppchen über die mittleren 6 M arbeiten (siehe Seite 22).

Nach Beendigung der Ferse den Fuß wieder über alle 36 M einfädig im Jacquardmuster nach dem Zählmuster bis zu einer Gesamtlänge von 10 (8) cm str (vom äußeren Ende der Ferse bis Beginn des Käppchens gemessen), dabei die letzte Rd einfädig in der HF str.

Nun die Spitze zweifädig in der HF über 7 Rd arbeiten, dabei wie folgt abn:

**1. und 3. Nd:** Die M der Nd bis auf 3 M rechts str, dann die 2 M rechts zusammenstr, 1 M rechts.

**2. und 4. Nd:** 1 M rechts, dann 2 M rechts überzogen zusammenstr, die restlichen M der Nd str.

Den Arbeitsfaden etwa 20 cm lang abschneiden, mit einer Woll-Nd durch die verbleibenden 8 M führen und diese fest zusammenziehen. Den Faden nach innen ziehen und vernähen.

### FERTIGSTELLEN

Alle Fäden vernähen.

## ZÄHLMUSTER HANDSCHUH UND SÖCKCHEN

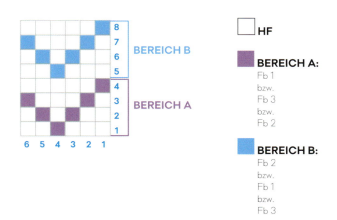

HF

**BEREICH A:**
Fb 1
bzw.
Fb 3
bzw.
Fb 2

**BEREICH B:**
Fb 2
bzw.
Fb 1
bzw.
Fb 3

# Emil

## SPORTIVE MASCHEN FÜR KLEINE RÄUBER

### Hose

### GRÖSSE
74/80, 50/56, 62/68, 86/92

Für die Größe 74/80 stehen die Angaben vor der Klammer, für die Größen 50/56, 62/68, 86/92 stehen die Angaben in der Klammer, durch Schrägstriche getrennt. Steht nur eine Angabe, gilt diese für alle Größen.

Die Gesamtlänge wird vom Vorderteil aus gemessen.

### MATERIAL
- Lang Yarns Merino 120 (100 % Merino, LL 120 m/50 g) in Petrol (Fb 274), 150 g, und Naturweiß (Fb 02), 100 g
- Nadelspiel 3,5 mm
- Rundstricknadel 3,5 mm, 40 cm lang
- dünne Rundstricknadel und Nadelspiel als Hilfsnadeln
- Maschenmarkierer

### MASCHENPROBE
Mit Nd 3,5 mm im Perlmuster: 20 M und 36 R = 10 × 10 cm

### FARBAUFTEILUNG
**HF:** Petrol
**Fb 1:** Naturweiß

### BÜNDCHENMUSTER
**2/2-Rippe in Rd:** * 2 M rechts, 2 M links str, ab * stets wdh.

### PERLMUSTER
**In Rd:**
**1. Rd:** * 1 M rechts, 1 M links, ab * stets wdh.
**2. Rd:** * 1 M links, 1 M rechts, ab * stets wdh.
Die 1. und 2. Rd fortlaufend wdh.

# ANLEITUNG

Die Hose wird ohne Seitennähte vom oberen Rand beginnend in Rd gestrickt. Für ein höheres Rückenteil werden nach dem Bündchen verkürzte R über die M des Rückenteils gestrickt. Für den Schrittbereich werden zusätzlich Zwickel-M zugenommen und dann zusammengestrickt. Die Beine mit Bündchenabschluss werden separat beendet.

## MASCHENANSCHLAG UND -EINTEILUNG HOSE

Mit dem Nd-Spiel 3,5 mm 92 (84/88/96) M in Fb 1 anschl und die M gleichmäßig auf 4 Nd verteilen = 23 (21/22/24) M je Nd.

Der Rd-Beginn liegt in der hinteren Mitte zwischen der 1. und 4. Nd.

8 Rd im Bündchenmuster str. Dann 10 Löcher für das Bindeband arbeiten wie folgt, auf Nd 1 beginnend:

**Für Größe 74/80:** 3 M str, * 1 U, die nächsten 2 M dem Bündchenmuster gemäß zusammenstr **, 8 M str, von * bis ** noch 9x wdh, dabei zwischen den U die folgende M-Zahl arbeiten: 3x 8 M, 1x 2 M, 4x 8 M, 1x 3 M.

**Für Größe 50/56:** 3 M str, * 1 U, die nächsten 2 M dem Bündchenmuster gemäß zusammenstr **, 7 M str, von * bis ** noch 9x wdh, dabei zwischen den U die folgende M-Zahl arbeiten: 3x 7 M, 1x 2 M, 4x 7 M, 1x 3 M.

**Für Größe 62/68:** 1 M str, * 1 U, die nächsten 2 M dem Bündchenmuster gemäß zusammenstr **, 8 M str, von * bis ** noch 9x wdh, dabei zwischen den U die folgende M-Zahl arbeiten: 3x 8 M, 1x 2 M, 4x 8 M, 1x 1 M.

**Für Größe 86/92:** 1 M str, * 1 U, die nächsten 2 M dem Bündchenmuster gemäß zusammenstr **, 9 M str, von * bis ** noch 9x wdh, dabei zwischen den U die folgende M-Zahl arbeiten: 3x 9 M, 1x 2 M, 4x 9 M, 1x 1 M.

In der folgenden Rd die U dem Bündchenmuster gemäß str. Noch weitere 6 Rd mustergemäß str. Das Bündchen sollte jetzt 6,5 cm hoch sein.

Nun den Rd-Beginn von der hinteren Mitte an die Seite verlegen. Dazu die 1. Nd noch im Bündchenmuster str. Ab der folgenden Rd (= 1. Rd) mit der Rundstrick-Nd und der HF die 1. Rd rechte M str. Die „Seitennähte" mithilfe von zwei M-Markierern kennzeichnen = Vorder- und Rückenteil je 46 (42/44/48) M.

**2. Rd:** Im Perlmuster str.
**Nächste Rd:** Die M des Vorderteils mustergemäß im Perlmuster str, über die M des Rückenteils zwischen den M-Markierern in verkürzten R (siehe Seite 15) ebenfalls mustergemäß im Perlmuster arbeiten:

Bis zu den letzten 20 M str, wenden.
1 Doppel-M arbeiten, bis zu den letzten 17 M str, wenden.
1 Doppel-M arbeiten, bis zu den letzten 13 M str, wenden.
1 Doppel-M arbeiten, bis zu den letzten 9 M str, wenden.
1 Doppel-M arbeiten, bis zu den letzten 5 M str, wenden.

Anschließend wieder in Rd über alle M im Perlmuster str bis zu einer Gesamthöhe von 17,5 (14,5/16/19) cm und einer Gesamtbreite von 23 (20/21,5/24,5) cm.

## ZWICKEL

Für den Zwickel in der folgenden Rd an Vorder- und Rückenteil nach je 23 (21/22/24) M je 1 M rechts verschr aus dem QF herausstr. Vor der zugenommenen M einen M-Markierer setzen. Die weiteren Zun werden nun in jeder 2. Rd stets links und rechts neben der 1. zugenommenen M gearbeitet: Bis vor die 1. zugenommenen M str; dann den QF mit der linken Nd anheben und mit der rechten Nd unter dem vorderen M-Schenkel einstechen, den Faden holen und durchziehen; die 1. zugenommene M links abstr; dann den QF mit der linken Nd anheben und mit der rechten Nd unter dem hinteren M-Schenkel einstechen, den Faden holen und durchziehen (= je 3 M Zwickelbreite). Die neu aufgenommenen M jeweils ins Perlmuster einfügen; die 1. zugenommene M in den Rd ohne Zun jeweils rechts abstr. Die beidseitige Zun noch 4x in jeder 2. Rd wdh (= je 11 M/4 cm Zwickelbreite).

In der nächsten Rd bis zu den Zwickel-M str, den Arbeitsfaden abschneiden und die Zwickel-M auf eine Hilfs-Nd (Nd-Spiel) heben. Den Arbeitsfaden an den noch nicht gestrickten M des Vorderteils neu ansetzen und bis zu den Zwickel-M des Rückenteils weiterstr (Rundstrick-Nd). Diese wieder auf eine Hilfs-Nd (Nd-Spiel) heben.

• **40** •

Nun die Arbeit auf links wenden und die Zwickel-M zusammenstr (siehe Seite 13).

Es ist nun eine Gesamthöhe von 20,5 (17,5/19/22) cm erreicht und das Strickstück in den rechten und linken Beinausschnitt eingeteilt.

Rechter Beinausschnitt: Am hinteren Bein an der Beininnenseite den Faden neu ansetzen, mit dem Nd-Spiel 3,5 mm die Rd beenden und für das rechte Bein wie folgt weiterarbeiten:

**1. Rd:** Ab der folgenden Nd (1. Nd) weiter im Perlmuster str, dabei auf der 2. Nd 3 M aus der Zwickellücke auffassen und diese rechts str.
**2. Rd:** Alle M im Perlmuster str.
**3.–5. Rd:** Alle M im Perlmuster str, dabei in jeder Rd je 1 M der Zwickellücke wieder links zusammenstr.

Weiter im Perlmuster über alle M str bis zu einer Gesamthöhe von 36 (32/34/38) cm.

Nun zu Fb 1 wechseln und 1 Rd rechte M str. Weiter im Bündchenmuster bis zu einer Gesamthöhe von 47 (43/45/49) cm arbeiten und die M sauber abk. Das Bündchen kann später einmal hochgeschlagen werden.

Das linke Bein gegengleich arbeiten.

### KORDEL (I-CORD)

Mit 2 Nd des Nd-Spiels 3 M in Fb 1 anschl, * 3 M rechts str, die Arbeit nicht wenden, sondern die M an das andere Ende der Nd schieben. Den Faden hinter der Arbeit an den Nd-Anfang holen und wieder 3 M rechts str. Ab * wdh, bis die Kordel eine Länge von 85 (75/80/90) cm hat. Die M abk.

### FERTIGSTELLEN

Alle Fäden sauber vernähen. Die Kordel durch die Löcher im Hosenbündchen ziehen.

## HOSE

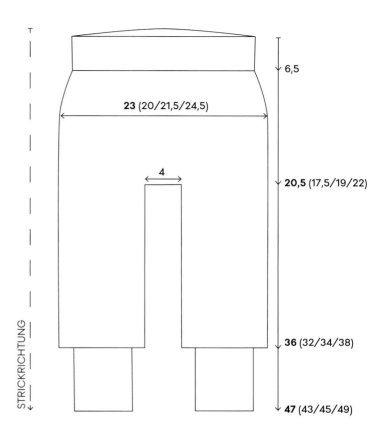

# Söckchen

## GRÖSSE

1–2 Jahre = 12 cm Fußlänge (0–1 Jahr = 10 cm Fußlänge)

Für die Größe 1–2 Jahre stehen die Angaben vor der Klammer, für die Größe 0–1 Jahr stehen die Angaben in der Klammer. Steht nur eine Angabe, gilt sie für beide Größen.

## MATERIAL

♡ Lang Yarns Merino 120 (100 % Merino, LL 120 m/50 g) in Petrol (Fb 274) und Naturweiß (Fb 02), je 50 g

♡ Nadelspiel 3,5 mm

## MASCHENPROBE

Mit Nd 3,5 mm in glatt rechts: 22 M und 34 R = 10 x 10 cm

## FARBAUFTEILUNG

**HF:** Petrol
**Fb 1:** Naturweiß

## BÜNDCHENMUSTER

**2/2-Rippe in Rd:** * 2 M rechts, 2 M links str, ab * stets wdh.

## FERSENMUSTER

**1. R (Hin-R):** Rand-M, * 1 M rechts, 1 M wie zum Linksstr abh mit dem Faden hinter der Arbeit, ab * stets wdh, Rand-M.
**2. R (Rück-R):** Rand-M, alle M links str, Rand-M.
**3. R (Hin-R):** Rand-M, * 1 M wie zum Linksstr abh mit dem Faden hinter der Arbeit, 1 M rechts, ab * stets wdh, Rand-M.
**4. R (Rück-R):** Wie die 2. R str.
Die 1.–4. R stets wdh.

## GLATT RECHTS

**In Rd:** Alle M rechts str.

## ANLEITUNG

### SÖCKCHEN (2x)

Bitte beachten Sie auch die Anleitung zum Sockenstricker auf Seite 22/23. 32 M in der HF anschl, die M gleichmäßig auf 4 Nd verteilen, die Arbeit zur Rd schließen und den Rd-Beginn mit einem M-Markierer kennzeichnen. 28 Rd (= 9 cm) im Bündchenmuster str.

Anschließend die Käppchenferse in Fb 1 im Fersenmuster in R über die 16 M der 1. und 4. Nd arbeiten, die M der 2. und 3. Nd stilllegen. Für die Fersenwand 4 cm hochstr. Die M in drei Teile aufteilen: 5/6/5 M. Ab der nächsten Hin-R das Käppchen über die mittleren 6 M weiter im Fersenmuster str (siehe Seite 22).

Nach Beendigung der Ferse den Fuß wieder über alle 32 M in der HF str. Dabei auf der 1. und 4. Nd glatt rechts und auf der 2. und 3. Nd im Rippenmuster str bis zu einer Gesamtlänge von 10 (8) cm.

Nun die Spitze in Fb 1 über 6 Rd arbeiten, dabei wie folgt abn:

**1. und 3. Nd:** Die M der Nd bis auf 3 M str, dann die 2 M rechts zusammenstr, 1 M rechts.

**2. und 4. Nd:** Die ersten 3 M der Nd 1 M rechts, dann 2 M rechts überzogen zusammenstr, die restlichen M der Nd rechts str.

Den Arbeitsfaden etwa 20 cm lang abschneiden, mit einer Woll-Nd durch die verbleibenden 8 M führen und diese fest zusammenziehen. Den Faden nach innen ziehen und vernähen.

### FERTIGSTELLEN

Alle Fäden vernähen.

# Clara

KUSCHELWEICHES ERSTLINGSSET FÜR DIE KLEINSTEN

## Strampler

## GRÖSSE

50/56, 62/68, 74/80

Die Angaben für die Größe 50/56 stehen im Folgenden vor der Klammer, alle weiteren Größen in der Klammer. Steht nur eine Angabe, gilt diese für alle Größen.

## MATERIAL

- ♡ Sandnes Garn Alpakka Silke (70 % Baby-Alpaka, 30 % Maulbeerseide, LL 200 m/50 g) in Støvet Korall (Fb 4316), 100 g
- ♡ Nadelspiel 2,5 mm
- ♡ Rundstricknadel 2,5 mm, 40 cm lang
- ♡ Dünne Zopfnadel
- ♡ Dünne Rundstricknadel und Nadelspiel als Hilfsnadeln
- ♡ Maschenmarkierer
- ♡ 2 Knöpfe, Ø 15 mm

## MASCHENPROBE

Mit Nd 2,5 mm kraus rechts mit zwei Zopfstreifen: 30 M und 52 R = 10 x 10 cm

## RANDMASCHEN

**Knötchenrand:** * Am R-Anfang den Faden hinter die Arbeit legen und die Rand-M wie zum Rechtsstr abh. Dann die R mustergemäß str und am R-Ende die Rand-M rechts str. Die Arbeit wenden und ab * wdh.

## KRAUS RECHTS

**In Rd:**
**1. Rd:** Rechte M str (= Rechts-Rd).
**2. Rd:** Linke M str (= Links-Rd).

Die 1. und 2. Rd stets wdh.

**In R:** Stets rechte M str.

## ZOPFSTREIFEN IN REIHEN

Über 14 M str. In allen R nach der Strickschrift str. Die ungeraden R (Hin-R) von rechts nach links, die geraden R (Rück-R) von links nach rechts lesen. Die 1.–16. R stets wdh.

## ZOPFSTREIFEN IN RUNDEN

Über 10 M str. In allen Rd nach der Strickschrift str. Die 1.–16. Rd stets wdh.

# ANLEITUNG

Der Strampler wird von den Trägern zur Fußspitze von oben nach unten gearbeitet. Die vier Träger werden dabei einzeln gestrickt und dann jeweils zusammen auf eine Nd genommen, wobei zwischen den Trägern neue M für den Latz aufgefasst werden. Nach einigen Zentimetern werden Vorder- und Rückenteil zusammen auf eine Rundstrick-Nd genommen und es wird nun in Rd gestrickt.

Nach der Zun für die Armausschnitte und den entsprechenden Zentimetern Körperlänge werden für den Zwickel in der vorderen und hnteren Mitte neue M dazu angeschlagen. Die Schrittzwickel-M werden in einem nächsten Arbeitsschritt von links zusammengestrickt. Danach werden die Beine mit den Füßchen in Rd weitergestrickt und getrennt beendet.

## MASCHENANSCHLAG UND -EINTEILUNG VORDERTEIL

### Erster Träger mit Knopfloch:

Mit dem Nd-Spiel 2,5 mm 14 M anschl und den „Zopfstreifen über 14 M" str, dabei den Knötchenrand arbeiten. Für das Knopfloch nach der 4. R 2 zusätzliche R arbeiten wie folgt:

**Hin-R:** Rand-M, 1 M rechts, 1 M links, 2 M rechts, 2 M rechts überzogen zusammenstr, 1 U, 4 M rechts, 1 M links, 1 M rechte, Rand-M.
**Rück-R:** Die M str, wie sie erscheinen, den U links abstr.

Nun mit der 5. R der Strickschrift fortfahren.

Nac⁊ 17 R (nach einer Hin-R = nach der 15. R nach Strickschrift) die M stilllegen.

### Zweiter Träger mit Knopfloch:

Wie den ersten Träger arbeiten, dabei 18 R hochstr.

### Vorderer Latz:

Nun zu den M des zweiten Trägers 14 (22/30) M dazu anschl und die M des ersten Trägers als Rück-R abstr = 42 (50/58) M. Die Arbeit wenden. Die Zopfstreifen über je 10 M (siehe Strickschrift) arbeiten. Zwischen den Zopfstreifen kraus rechts str. Für einen schönen Übergang in der folgenden Hin-R die letzte M des ersten Trägers mit der 1. dazu angeschlagenen M rechts zusammenstr bzw. die letzte dazu angeschlagene M mit der 1. M des zweiten Trägers rechts zusammenstr = 40 (48/56) M.

Weiter in dieser Einteilung str und dabei die 1.–16. R der Strickschrift für den Zopfstreifen stets wdh. In einer Gesamthöhe von 11 (12/13) cm alle M nach einer Hin-R stilllegen. Die Gesamtbreite beträgt 14 (16,5/19) cm.

## MASCHENANSCHLAG UND -EINTEILUNG RÜCKENTEIL

### Erster Träger:

Mit dem Nd-Spiel 2,5 mm 14 M anschl. Den „Zopfstreifen über 14 M" str, dazu die 1.–16. R 2x wdh, dann noch 1x die 1.–5. R str (Beginn 3. Höhenrapport), dabei den Knötchenrand arbeiten. Die M stilllegen.

### Zweiter Träger:

Mit der Rundstrick-Nd 2,5 mm 14 M anschl. Den „Zopfstreifen über 14 M" str, dazu die 1.–16. R 2x wdh, dann noch 1x die 1.–6. R str (Beginn 3. Höhenrappport), dabei den Knötchenrand arbeiten.

### Hinterer Latz:

Nun zu den M des zweiten Trägers 10 (18/26) M dazu anschl und die M des ersten Trägers als Rück-R abstr = 38 (46/54) M. Die Arbeit wenden. Die Zopfstreifen über je 10 M (siehe Zählmuster) arbeiten. Zwischen den Zopfstreifen kraus rechts str.

Für einen schönen Übergang in der folgenden Hin-R die letzte M des ersten Trägers mit der 1. dazu angeschlagenen M rechts zusammenstr bzw. die letzte dazu angeschlagene M mit der 1. M des zweiten Trägers rechts zusammenstr = 36 (44/52) M.

Weiter über alle M str, dabei den 3. Höhenrapport des Zopfstreifens bis zur 16. R beenden und noch 1x die 1.–10. R arbeiten und anschließend nur die 15. und 16. R str.

Nun den Zopfstreifen beenden und über alle M kraus rechts str. Dadurch ergibt sich in den folgenden R bis zum Ende des Armausschnittes eine größere Breite des Rückenteils. In 15 (16/17) cm Gesamthöhe den hinteren Latz nach einer Hin-R beenden.

Die Gesamtbreite beträgt 14 (17/20) cm.

## MASCHENEINTEILUNG BODY

**1. Rd (Links-Rd):** Mit der Rundstrick-Nd des Rückenteils die stillgelegten M des Vorderteils kraus rechts arbeiten, also linke M str = 76 (92/108) M.

**2. Rd (Rechts- Rd):** Für einen schönen Übergang jeweils die letzte und die erste M von Vorderteil und Rückenteil rechts zusammenstr, die M dabei fest anziehen = 74 (90/106) M.

Nun die M wie folgt aufteilen: Vorderteil 38 (46/54) M, Rückenteil 36 (44/52) M. Die beiden „Seitennähte" kennzeichnen, dazu zwischen Vorderteil und Rückenteil jeweils M-Markierer setzen.

Am Vorderteil weiter die beiden Zopfstreifen arbeiten. Über alle übrigen M kraus rechts str.

**3. Rd (Links-Rd; Zun-Rd):** Am Vorderteil beidseitig mit Abstand von 2 M zum M-Markierer je 1 M links verschr aus dem QF zun = 40 (48/56) M Vorderteil.

Diese Zun-Rd markieren und wie folgt wdh:

**Für Größe 50/56:** 3x in jeder 26. Rd.

**Für Größe 62/68:** 3x in jeder 28. Rd.

**Für Größe 74/80:** 5x in jeder 18. Rd.

Nach den Zun hat das Vorderteil 46 (54/66) M, die Gesamthöhe des Vorderteils beträgt 26 (28/30) cm und seine Gesamtbreite 16,5 (19,5/23,5) cm.

Mit einer Rechts-Rd enden und mit dem Zwickel für die Schrittbreite beginnen.

## ZWICKEL

Für den Zwickel in der folgenden Links-Rd am Vorderteil nach 23 (27/33) M und am Rückenteil nach 18 (22/26) M je 1 M links verschr aus dem QF zun und beidseits der zugenommenen M je einen M-Markierer setzen.

Gleichzeitig in der 10. Rd noch 1x je 1 M für die Breite zun (siehe 3. Rd/Zun-Rd) = Vorderteil 48 (56/68) M.

Die Zwickel-Zun in der nächsten Links-Rd beidseits der ersten zugenommenen M an Vorder- und Rückenteil wdh (= je 3 M Zwickelbreite).

Die beidseitige Zun noch 4x in jeder Links-Rd wdh (= je 11 M/ 3 cm Zwickelbreite).

In der nächsten Links-Rd bis zu den Zwickel-M str, den Arbeitsfaden abschneiden und die Zwickel-M auf eine Hilfs-Nd (Nd-Spiel) heben. Den Arbeitsfaden an den noch nicht gestrickten M des Vorderteils neu ansetzen und bis zu den Zwickel-M des Rückenteils weiterstr (Rundstrick-Nd). Diese wieder auf eine Hilfs-Nd heben (Nd-Spiel). Nun die Arbeit auf links wenden und die Zwickel-M zusammenstr (siehe Seite 13).

Das Vorderteil hat nun eine Gesamthöhe von 28 (31/36) cm. Das Strickstück ist in den rechten und linken Beinausschnitt eingeteilt: Jedes Bein hat 24 (28/34) Vorderteil-M und 18 (22/26) Rückenteil-M = 42 (50/60) M gesamt je Bein.

## RECHTES BEIN

Am hinteren Bein an der Beininnenseite den Faden neu ansetzen, mit Nd-Spiel 2,5 mm die Links-Rd beenden.

**1. Rd:** Im Musterverlauf (kraus rechts) str und die M aufteilen wie folgt: Nd 1 mit 12 (14/17) M (= Seite Vorderteil bis Zopfmitte), Nd 2 mit 12 (14/17) M (= Zopfmitte bis Innenbein), dabei auf der 2. Nd weitere 3 M in der Zwickellücke zun, dafür aus der Zwickellücke 3 M auffassen und rechts str.

Auf Nd 3 und Nd 4 liegen jeweils 9 (11/13) M.

**2. Rd:** Alle M mustergemäß str.
**3.–7. Rd:** Alle M mustergemäß str, dabei in jeder Links-Rd 3x je 1 M der Zwickellücke wieder abn (= 2 M links zusammenstr).

Weiter im Musterverlauf str; dabei für die Beinschrägung an der Innenbeinnaht M abn.

Damit der Zopf trotz Abn für die Beinschrägung mittig bleibt, wird er gleichzeitig versetzt. Diese Abn-Rd mit Zopfversatz ab M-Auffassen Bein in einer Links-Rd wie folgt arbeiten:

Für den Versatz: Auf der 1. Nd die 2. M vom Zopfstreifen (rechte M) mit der davorliegenden 1. M vom Zopfstreifen (linke M) rechts zusammenstr (= 1 M abgenommen). (In der Folge-Rd den Zopfstreifen dem Versatz entsprechend abstr.)

Für die Beinschrägung: Auf der 2. Nd bis 3 M vor Nd-Ende str und die folgenden 2 M links zusammenstr (= 1 M abgenommen).

Die Abn-Rd mit Zopfversatz je Größe wie folgt arbeiten:

**Für Größe 50/56:** 3× in jeder 20. Rd.

**Für Größe 62/68:** 3× in jeder 22. Rd.

**Für Größe 74/80:** 4× in jeder 20. Rd

Es bleiben je Bein insgesamt 36 (44/52) M.

Hat das Vorderteil eine Gesamthöhe von 39 (43/47) cm erreicht, mit einer Rechts-Rd enden und die M stilllegen.

## LINKES BEIN

Das linke Bein gegengleich arbeiten.

## RECHTES FÜSSCHEN

Die Nd-Verteilung beibehalten. Auf der 1. und 2. Nd weiter den Zopfstreifen, über die übrigen M kraus rechts str. Die Käppchenferse in R über die 18 (22/26) M der 1. und 4. Nd arbeiten, die M der 2. und 3. Nd stilllegen. Für die Fersenwand 15 (17/19) R hoch str, dabei den Rand der Fersenwand wie folgt arbeiten:

\* Zu Beginn der Hin-R den Faden vor die Arbeit legen und die Rand-M wie zum Linksstr abh, die folgenden M rechts str, die Rand-M am R-Ende links str. Die Arbeit wenden. In der Rück-R den Faden hinter die Arbeit legen und die Rand-M wie zum Linksstr abh, die folgenden M rechts str, die Rand-M am R-Ende rechts str. Ab \* stets wdh.

Dann für das Käppchen die M in drei Teile aufteilen: Für Größe 50/56: 6/6/6 M; für Größe 62/68: 7/8/7 M; für Größe 74/80: 9/8/9 M. Weiter kraus rechts str. Ab der nächsten Hin-R das Käppchen über die mittleren 6 (8/8) M arbeiten (siehe Seite 22). Der Arbeitsfaden liegt stets hinter der Arbeit, die Rand-M mustergemäß (kraus rechts) str.

Nach Beendigung der Ferse den Fuß wieder über alle 36 (44/52) M str. Dabei auf der 1. und 4. Nd den Zopfstreifen arbeiten, über die übrigen M kraus rechts str. Bis zu einer Gesamtlänge von 8 (8/10) cm str. Den Zopf beenden.

Nun die Spitze kraus rechts über 7 (9/11) Rd arbeiten, dabei wie folgt abn:

**1. und 3. Nd:** Die M der Nd bis auf 3 M str, dann die 2 M links zusammenstr, 1 M str.

**2. und 4. Nd:** Die ersten 3 M der Nd 1 M str, dann 2 M links zusammenstr, die restlichen M der Nd str.

Den Arbeitsfaden etwa 20 cm lang abschneiden, mit einer Woll-Nd durch die verbleibenden 8 M führen und diese fest zusammenziehen. Den Faden nach innen ziehen und vernähen.

## LINKES FÜSSCHEN

Das linke Füßchen gegengleich arbeiten.

## FERTIGSTELLEN

Alle Fäden sauber vernähen. Auf den Trägern des Vorderteils die Knöpfe annähen.

## STRAMPLER

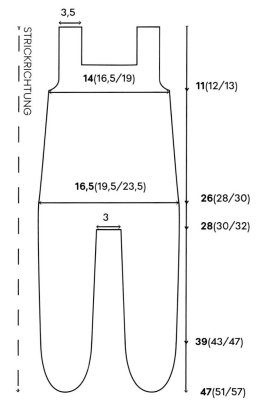

# Mütze

### GRÖSSE

38/40 = Kopfumfang 37–40 cm, 42/44 = Kopfumfang 41–44 cm, 46/48 = Kopfumfang 45–48 cm; die fertige Mütze ist 14 (15,5/17) cm hoch und 14 (15/16) cm breit.

Die Angaben für die Größe 38/40 stehen im Folgenden vor der Klammer, alle weiteren Größen in der Klammer. Steht nur eine Angabe, gilt diese für alle Größen.

### MATERIAL

♡ Sandnes Garn Alpakka Silke (70 % Baby-Alpaka, 30 % Maulbeerseide, LL 200 m/50 g) in Hvit (Fb 1002), 50 g

♡ Nadelspiel 2,5 mm

♡ Rundstricknadel 2,5 mm, mind. 40 cm lang

♡ Dünne Zopfnadel

### MASCHENPROBE

Mit Nd 2,5 mm kraus rechts mit einem Zopfstreifen: 24 M und 52 R = 10 x 10 cm

### RANDMASCHEN

**Kettrand:** \* Am R-Anfang den Faden vor die Arbeit legen und die Rand-M wie zum Linksstr abh. Dann die R mustergemäß str und am R-Ende die Rand-M rechts str. Die Arbeit wenden und ab \* wdh.

### KRAUS RECHTS

**In R:** Stets rechte M str.

### ZOPFSTREIFEN IN REIHEN

Über 10 M str. In allen R nach der Strickschrift str. Die 1.–16. R stets wdh.

## STRICKSCHRIFT ZOPFSTREIFEN
### STRAMPLER UND MÜTZE

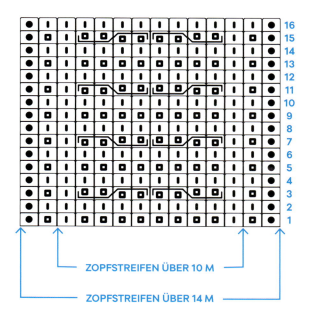

## ANLEITUNG

Die Mütze wird in drei Teilen gearbeitet: Mittelstück mit Zopf und zwei Seitenteile. Das Mittelstück mit Zopf und die beiden Seitenteile werden zusammengenäht. Dann wird die Ausschnittblende angestrickt. Zuletzt wird in einem Stück die Blende am Hals mit den Bindebändern angestrickt.

### MITTELSTÜCK MIT ZOPF

Mit 2 Nd des Nd-Spiels 2,5 mm 18 (20/22) M anschl und die M wie folgt aufteilen:

1 Rand-M, 3 (4/5) M kraus rechts, 10 M Zopfstreifen gemäß Strickschrift, 3 (4/5) M kraus rechts, 1 Rand-M.

In dieser Einteilung str und dabei den Kettrand arbeiten. Die 1.–16. R laut Strickschrift 3x arbeiten, dabei beidseitig in jeder 16. R 3x 1 M rechts verschr aus dem QF zun = 24 (26/28) M. Die zugenommenen M werden in das Muster integriert = kraus rechts gestrickt.

Weitere 4 (16/28) R in der Einteilung über alle M str. Anschließend in jeder 16. R 3x 2 M zusammenstr = 18 (20/22) M.

Das Mittelstück hat eine Breite von 7,5 (8,5/9,5) cm am Anfang und Ende und 10 (11/12) cm in der Mitte. Alle M abk.

### RECHTES SEITENTEIL

Mit 2 Nd des Nd-Spiels 2,5 mm 18 (20/22) M anschl und n R kraus rechts str, dabei den Kettrand arbeiten und beidseitig in jeder 10. (12./14.) R 3x 1 M zun = 24 (26/28) M.

Anschließend an der rechten Seite in jeder 4. R 4x 1 M zun und gleichzeitig an der linken Seite in jeder 6. R 3x 1 M abn (dafür jeweils 2 M rechts zusammenstr) = 25 (27/29) M.

2 R ohne Abn kraus rechts str. Dann beidseitig in jeder 2. R 3x 3 M abk.

Die restlichen 7 (9/11) M auf der Vorderseite abk. Das rechte Seitenteil hat nun eine Gesamthöhe von 10,5 (11,5/12,5) cm.

### LINKES SEITENTEIL

Gegengleich zum rechten Seitenteil str.

## FERTIGSTELLEN

Alle Fäden sauber vernähen. Die Teile vorsichtig unter feuchten Tüchern spannen. Die Nähte mit dem Matratzenstich (siehe Seite 19) schließen.

Für die Blende an Kopfausschnitt mit der Rundstrick-Nd 2,5 mm gleichmäßig verteilt 62 (70/78) M auffassen und 5 R kraus rechts str. In der 6. R (= Rück-R) die M-Zahl wie folgt vermindern: * 8 M str, 2 M links zusammenstr, ab * fortlaufend wdh, bis noch 56 (63/71) M vorhanden sind. Die verbleibenden M auf der Vorderseite abk.

Für die Bindebänder und die Blende am Halsausschnitt mit der Rundstrick-Nd 2,5 mm 60 (68/76) M anschl, dann aus dem Halsausschnitt mit der bereits angestrickten Blende gleichmäßig verteilt weitere 60 (68/76) M auffassen, nun noch einmal für das zweite Bindeband weitere 60 (68/76) M auf der Nd dazu anschl = 180 (204/228) M. Nun über alle M 5 R kraus rechts str. In der 6. R (Rück-R) die M-Zahl vermindern wie folgt: * 8 M str, 2 M links zusammenstr, ab * fortlaufend wdh, bis noch 162 (184/206) M vorhanden sind. Die verbleibenden M auf der Vorderseite abk. Die beiden Blenden beidseitig am vorderen Rand mit einigen Stichen sauber aneinander fixieren. Alle Fäden vernähen.

## MÜTZE

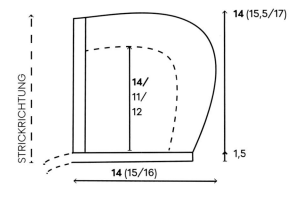

# Anton

## KLASSISCHE STREIFEN FÜR JEDES KIND

### Pulloverjäckchen

## GRÖSSE

74/80, 50/56, 62/68, 86/92

Für die Größe 74/80 stehen die Angaben vor der Klammer, für die Größen 50/56, 62/68, 86/92 stehen die Angaben in der Klammer, durch Schrägstriche getrennt. Steht nur eine Angabe, gilt diese für alle Größen.

## MATERIAL

- Woll Butt Primo Madeleine (100 % Schurwolle, LL 150 m/50 g) in Natur (Fb 38143),100 g, in Beige (Fb 38144), 50 g
- Rundstricknadel 3,5 mm und 3,0 mm, je mindestens 40 cm lang
- Nadelspiel 3,0 mm
- 3 Knöpfe, Ø 15 mm

## MASCHENPROBE

Mit Nd 3,5 mm im Streifenmuster:
21 M und 32 R = 10 x 10 cm

## FARBAUFTEILUNG

**HF:** Natur
**Fb 1:** Beige

## RANDMASCHEN

**Knötchenrand:** * Am R-Anfang den Faden hinter die Arbeit legen und die Rand-M wie zum Rechtsstr abh. Dann die R mustergemäß str und am R-Ende die Rand-M rechts str. Die Arbeit wenden und ab * wdh.

**Kettrand:** * Am R-Anfang den Faden vor die Arbeit legen und die Rand-M wie zum Linksstr abh. Dann die R mustergemäß str und am R-Ende die Rand-M rechts str. Die Arbeit wenden und ab * wdh.

## BÜNDCHENMUSTER

**1/1-Rippe in R:**
**1. R:** Rand-M, * 1 M rechts, 1 M links str, ab * stets wdh, Rand-M.
**2. R:** Rand-M, * 1 M links, 1 M rechts str, ab * stets wdh, Rand-M.

## GLATT RECHTS

**In R:** In Hin-R alle M rechts str, in Rück-R alle M links str.
**In Rd**: Alle M rechts str.

## STREIFENFOLGE BODY
(VORDERTEIL UND RÜCKENTEILE PULLOVER)

Glatt rechts str.

**Größe 74/80:** 4 R Fb 1, *4 R HF, 6 R Fb 1, 6 R HF, 4 R Fb 1, 6 R HF, 4 R Fb 1, 8 R HF, 2 R Fb 1, 2 R HF

**Größe 50/56:** 4 R Fb 1, * 4 R HF, 6 R Fb 1, 6 R HF, 2 R Fb 1, 8 R HF, 2 R Fb 1, 2 R HF

**Größe 62/68:** 4 R Fb 1, * 4 R HF, 6 R Fb 1, 4 R HF, 4 R Fb 1, 6 R HF, 2 R Fb 1, 8 R HF, 2 R Fb 1, 2 R HF

**Größe 86/92:** 6 R Fb 1, * 4 R HF, 8 R Fb 1, 6 R HF, 6 R Fb 1, 6 R HF, 4 R Fb 1, 8 R HF, 2 R Fb 1, 2 R HF

## STREIFENFOLGE ÄRMEL

Glatt rechts str.

**Größe 74/80, 50/56, 62/68:** 8 R Fb 1, dann ab * der Streifenfolge Body folgen.

**Größe 86/92:** 10 R Fb 1, dann ab * der Streifenfolge Body folgen.

## RAGLANSCHRÄGUNGEN

Die beidseitige Raglan-Abn von 1 M erfolgt 3 M vom Rand entfernt:

**Am rechten Rand:** Rand-M, 2 M rechts, die nächsten 2 M rechts überzogen zusammenstr.
**Am linken Rand:** Bis 5 M vor R-Ende str, die nächsten 2 M rechts zusammenstr, 2 M rechts, Rand-M.

Die beidseitige Raglan-Abn von 2 M erfolgt 3 M vom Rand entfernt:

**Am rechten Rand:** Rand-M, 2 M rechts, die nächsten 3 M rechts überzogen zusammenstr (= 1 Masche wie zum Rechtsstr abh, 2 M rechts zusammenstr, dann die abgehobene M überziehen).
**Am linken Rand:** Bis 6 M vor R-Ende str, die nächsten 3 M rechts zusammenstr.

## Tipp

Beim Arbeiten der Streifen die Fäden beider Fb bis zum Ende der Streifenfolge mitlaufen lassen. Dabei in jeder 2. R jeweils die Rand-M mit beiden Fäden zusammen abstr.

## ANLEITUNG

Das Pulloverjäckchen wird in fünf Teilen (ein Vorderteil, zwei Rückenteile und zwei Ärmel) von unten nach oben in R mit Knötchenrand und mit Raglanschrägungen gestrickt. Die beiden Rückenteile werden später im oberen Bereich mit Knöpfen geschlossen.

Nach dem Zusammennähen der fünf Einzelteile werden an den zwei separaten Rückenteilen Blenden mit Kettmaschen und am Halsausschnitt ein Bündchen angestrickt.

## MASCHENANSCHLAG VORDERTEIL

58 (50/54/62) M mit Rundstrick-Nd 3,5 mm und Fb 1 anschl und 4 R (= 1,5 cm) im Bündchenmuster str. Ab der nächsten Hin-R zwischen den Rand-M glatt rechts str und dabei der Streifenfolge Body für die entsprechende Größe folgen.

## RAGLANSCHRÄGUNG

In 17,5 (13,5/15,5/19,5) cm Gesamthöhe ab Anschlag in der HF glatt rechts weiterstr, dabei in der 1. R (Hin-R) beidseitig 1x 2 M abk = 54 (46/50/58) M.

Nun die beidseitigen Raglan-Abn von je 1 M, wie oben beschrieben, am rechten und linken Rand arbeiten: Beidseitig in jeder 2. R (in jeder Hin-R) 12x (10x/11x/13x) 1 M abn. In 26 (20/23/29) cm Gesamthöhe ab Anschlag sind noch 30 (26/28/32) M vorhanden.

## HALSAUSSCHNITT

Nun für den Halsausschnitt die mittleren 18 (14/16/20) M abk und die Seiten getrennt beenden, dabei wie folgt die restlichen je 6 M am Halsausschnitt abk:

In jeder 2. R 1x 3 M, 1x 2 M, 1x 1 M abk.

Das Vorderteil hat eine Gesamthöhe von 28 (22/25/31) cm ab Anschlag.

## MASCHENANSCHLAG LINKES RÜCKENTEIL

26 (22/24/28) M mit Rundstrick-Nd 3,5 mm und Fb 1 anschl und 4 R (= 1,5 cm) im Bündchenmuster str. Ab der nächsten Hin-R zwischen den Rand-M glatt rechts str und dabei der Streifenfolge Body für die entsprechende Größe folgen.

## RAGLANSCHRÄGUNG

In 17,5 (13,5/15,5/19,5) cm Gesamthöhe ab Anschlag in der HF glatt rechts weiterstr, dabei in der 1. R (Hin-R) am linken Rand 1x 2 M abk = 24 (20/22/26) M.

Nun 17x (15x/16x/18x) in jeder 2. R die Raglan-Abn von je 1 M, wie oben beschrieben, am linken Rand arbeiten. In ca. 29,5 (23,5/26,5/32,5) cm Gesamthöhe ab Anschlag die verbleibenden 7 (5/6/8) M abk.

## MASCHENANSCHLAG RECHTES RÜCKENTEIL

Bis zur Raglanschrägung wie das linke Rückenteil str.

## RAGLANSCHRÄGUNG

In 17,5 (13,5/15,5/19,5) cm Gesamthöhe ab Anschlag in der HF glatt rechts weiterstr, dabei in der 1. R (Hin-R) am rechten Rand 1x 2 M abk = 24 (20/22/26) M.

Nun 17x (15x/16x/18x) in jeder 2. R die Raglan-Abn von je 1 M wie oben beschrieben am rechten Rand arbeiten. In ca. 29,5 (23,5/26,5/32,5) cm Gesamthöhe ab Anschlag die verbleibenden 7 (5/6/8) M abk.

## RECHTER ÄRMEL

32 (28/30/34) M mit Rundstrick-Nd 3,5mm und Fb 1 anschl und 4 R (= 1,5 cm) im Bündchenmuster str. Ab der nächsten Hin-R zwischen den Rand-M glatt rechts str und der Streifenfolge Ärmel für die entsprechende Größe folgen, dabei gleichzeitig für die Ärmelschrägungen beidseitig wie folgt zun:

**Für Größe 74/80:** In jeder 8. R 1x 1 M, dann in jeder 6. R 8x 1 M.

**Für Größe 50/56:** In jeder 6. R 4x 1 M, dann in jeder 4. R 3x 1 M.

**Für Größe 62/68:** In jeder 6. R 7x 1 M, dann in jeder 4. R 1x 1 M.

**Für Größe 86/92:** In jeder 8. R 2x 1 M, dann in jeder 6. R 8x 1 M.

Nach den Zun sind 50 (42/46/54) M vorhanden. Noch 4 R ohne Zun str.

## RAGLANSCHRÄGUNG

In 20 (14/17/23) cm Gesamthöhe ab Anschlag in der HF glatt rechts weiterstr, dabei in der 1. R (Hin-R) beidseitig 1x 2 M abk = 46 (38/42/50) M.

Nun die Raglan-Abn von je 1 M in jeder 2. R (Hin-R) wie folgt am rechten und linken Rand arbeiten (dabei wird am rechten Rand stets erst abgenommen, dann abgekettet!):

**Für Größe 74/80:**
**Am rechten Rand:** 15x 1 M abn; dann 2x 5 M und 1x 4 M abk.
**Am linken Rand:** 17x 1 M abn.

**Für Größe 50/56:**
**Am rechten Rand:** 13x 1 M abn; dann 2x 4 M und 1x 3 M abk.
**Am linken Rand:** 14x 1 M abn.

**Für Größe 62/68:**
**Am rechten Rand:** 14x 1 M abn; dann 1x 5 M, 1x 4 M und 1x 3 abk.
**Am linken Rand:** 16x 1 M abn.

**Für Größe 86/92:**
**Am rechten Rand:** 16x 1 M abn; dann 3x 5 M abk.
**Am linken Rand:** 19x 1 M abn.

In 31,5 (23,5/27,5/35,5) cm Gesamthöhe ab Anschlag sind alle M aufgebraucht.

### LINKER ÄRMEL
Gegengleich zum rechten Ärmel arbeiten.

### FERTIGSTELLEN
Alle Teile spannen und unter feuchten Tüchern trocknen. Mit dem Matratzenstich (siehe Seite 19) die Raglannähte schließen. Anschließend ebenso Ärmel- und Seitennähte schließen.

Nun die Blenden mit Kettrand arbeiten. Dafür am linken Rückenteil mit der Rundstrick-Nd 3,0 mm je 94 (74/84/104) M auf der Vorderseite auffassen und 5 R im Bündchenmuster str. Dabei in der 3. R zwei Knopflöcher einarbeiten: 5,5 cm und 11 cm vom oberen Rand entfernt. Für ein Knopfloch wie folgt arbeiten: 1 M rechts, 1 U, 2 M rechts zusammenstr. Den U in der folgenden R mustergemäß abstr.

Nach den 5 R noch 1 R im Bündchenmuster str, dabei die M-Zahl vermindern wie folgt: Rand-M, * 2 M str, 2 M rechts zusammenstr, ab * fortlaufend wdh, bis noch 71 (56/64/79) M vorhanden sind. Den Faden trennen und auf der Vorderseite wieder neu ansetzen. Die verbleibenden M nun auf der Vorderseite fest abk. Die rechte Rückenteilblende ebenso str, jedoch dabei keine Knopflöcher arbeiten.

Für das Bündchen aus dem Halsausschnitt 86 (70/76/92) M mit dem Nd-Spiel 3,0 mm auffassen und 5 R im Bündchenmuster str. Dabei in der 3. R an der linken Seite 3 M vom Rand entfernt ein Knopfloch einarbeiten: Bis 4 M vor das R-Ende str, 1 U, 2 M rechts zusammenstr, 1 M rechts, Rand-M. Den U in der folgenden R mustergemäß abstr.

Nach den 5 R noch 1 R im Bündchenmuster str, dabei die M-Zahl vermindern wie folgt: Rand-M, * 2 M str, 2 M rechts zusammenstr, ab * fortlaufend wdh, bis noch 65 (55/58/70) M vorhanden sind. Den Faden trennen und auf der Vorderseite wieder neu ansetzen. Die verbleibenden M nun auf der Vorderseite fest abk.

Alle Fäden sauber vernähen. Die Nähte vorsichtig unter Tüchern dämpfen.

Auf der rechten Verschlussblende die Knöpfe annähen.

# PULLOVER

VORDERTEIL

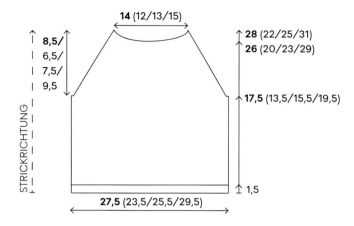

RÜCKENTEIL 2x

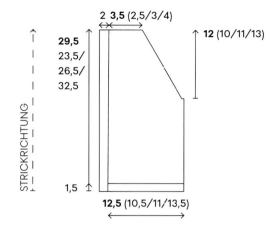

ÄRMEL

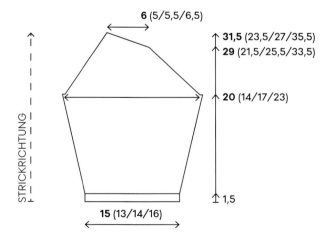

# Schal

## GRÖSSE
Einheitsgröße: Breite 12 cm, Länge 64 cm

## MATERIAL
♥ Woll Butt Primo Madeleine (100 % Schurwolle, LL 150 m/50 g) in Natur (Fb 38143) und Beige (Fb 38144), je 50 g

♥ Rundstricknadel 3,5 mm, mindestens 40 cm lang

## MASCHENPROBE
Mit Nd 3,5 mm im Rippenmuster: 24 M und 33 R = 10 x 10 cm (nach dem Spannen)

## FARBAUFTEILUNG
**HF:** Natur
**Fb 1:** Beige

## RANDMASCHEN
**Knötchenrand:** * Am R-Anfang den Faden hinter die Arbeit legen und die Rand-M wie zum Rechtsstr abh. Dann die R mustergemäß str und am R-Ende die Rand-M rechts str. Die Arbeit wenden und ab * wdh.

## RIPPENMUSTER
M-Zahl teilbar durch 4 plus 2 Rand-M.

**1. R:** Rand-M, * 1 M links, 3 M rechts str, ab * stets wdh, Rand-M.
**2. R:** Rand-M, * 2 M links, 1 M rechts str, 1 M links, ab * stets wdh, Rand-M.

## STREIFENFOLGE
Im Rippenmuster str.

12 R Fb 1, 2 R HF,
10 R Fb 1, 4 R HF,
8 R Fb 1, 6 R HF,
6 R Fb 1, 8 R HF,
4 R Fb 1, 10 R HF
2 R Fb 1, 12 R HF,
2 R Fb 1, 12 R HF,
2 R Fb 1, 6 R HF *,

ab * spiegelverkehrt wdh (= 212 R).

## ANLEITUNG

### MASCHENANSCHLAG SCHAL
28 M in Fb 1 anschl und im Rippenmuster str, dabei in der angegebenen Streifenfolge arbeiten.

Ist die Streifenfolge 1x gestrickt (in ca. 64 cm Gesamthöhe), alle M abk.

### FERTIGSTELLEN
Alle Fäden sauber vernähen. Den Schal spannen und unter feuchten Tüchern trocknen.

# Emma

BEZAUBERNDER STRUKTURSTRICK FÜR KLEINE PRINZESSINNEN

## Mantel

### GRÖSSE
86/92, 62/68, 74/80

Für die Größe 86/92 stehen die Angaben vor der Klammer, für die Größen 62/68 und 74/80 stehen die Angaben in der Klammer, durch Schrägstriche getrennt. Steht nur eine Angabe, gilt diese für alle Größen.

### MATERIAL
- Lamana Bergamo (75 % Schurwolle 25 % Alpaka, LL 65 m/25 g) in Schiefergrau (Fb 28M), 250 g, und in Karmin (Fb 33), 50 g
- Rundstricknadel 4,5 mm, 80 cm lang
- Nadelspiel 4,5 mm
- Maschenmarkierer
- 6 Knöpfe, Ø 23 mm
- 2 Druckknöpfe, Ø 10 mm

### MASCHENPROBE
Mit Nd 4,5 mm im Grundmuster: 20 M und 40 R = 10 x 10 cm

### FARBAUFTEILUNG
**HF:** Schiefergrau
**Fb 1:** Karmin

### RANDMASCHEN
**Knötchenrand:** * Am R-Anfang den Faden hinter die Arbeit legen und die Rand-M wie zum Rechtsstr abh. Dann die R mustergemäß str und am R-Ende die Rand-M rechts str. Die Arbeit wenden und ab * wdh.

### GRUNDMUSTER
**1. R (Hin-R):** Rand-M, * 1 M rechts, 1 M wie zum Linksstr abh mit dem Faden hinter der Arbeit, ab * stets wdh, Rand-M.
**2. R (Rück-R):** Rand-M, alle M links str, Rand-M.
**3. R (Hin-R):** Rand-M, * 1 M wie zum Linksstr abh mit dem Faden hinter der Arbeit, 1 M rechts, ab * stets wdh, Rand-M.
**4. R (Rück-R):** Wie die 2. R str.
Die 1.–4. R stets wdh.

### ZUNAHMEN
Für eine Zun jeweils 1 M rechts verschr aus dem QF herausstr.

### I-CORD
Mit 2 Nd des Nd-Spiels 3 M anschl, * 3 M rechts str, die Arbeit nicht wenden, sondern die M an das andere Ende der Nd schieben. Den Faden hinter der Arbeit an den Nd-Anfang holen und wieder 3 M rechts str. Ab * wdh, bis die Kordel die gewünschte Länge erreicht hat.

## I-CORD BEIDSEITIG UM DIE ECKE FÜHREN

Siehe das I-Cord-Special und die Schemazeichnung auf Seite 20/21.

## I-CORD ANSTRICKEN

* Nur 2 M str, dann die 3. M abh, 1 M auffassen, diese rechts str und die abgehobene M darüberziehen. Die M an das andere Ende der Nd schieben und ab * wdh.

## MASCHEN ELASTISCH ABKETTEN

Die 1. und 2. M rechts str, die 2. M auf der linken Nd lassen, * die 1. M über die 2. M ziehen. Die folgende M wieder rechts str und auf der Nd lassen, ab * fortlaufend wdh (siehe auch Seite 17).

# ANLEITUNG

Der Mantel wird in einem Stück von unten nach oben im Grundmuster in der HF gestrickt, wobei die Kanten umlaufend mit einem I-Cord in Fb 1 gearbeitet werden. Dafür den I-Cord in Länge der unteren Gesamtbreite str. Dann aus dem I-Cord die M-Zahl für das Grundmuster auffassen, dabei parallel den I-Cord an beiden Seiten weiter mit hochführen. Die Mantelausformung erfolgt über Abnahmen beidseits der „Seitennähte". Vorderteile und Rückenteil werden ab Beginn der Armausschnitte getrennt beendet. Ärmel und Kragen werden wieder mit einem I-Cord beginnend separat gestrickt und dann eingenäht. Bei den Taschen wird der I-Cord an die obere Kante angestrickt. Dann werden die Taschen aufgenäht.

## MASCHENANSCHLAG UND - EINTEILUNG MANTEL

Mit Nd-Spiel 3,5 mm und einem Hilfsfaden in der HF der Beschreibung „I-Cord über 3 Maschen beidseitig um die Ecke führen" (siehe Seite 20/21) folgen. 1 R Hilfsanschlag + 182 (158/170) R I-Cord in Fb 1 str. Dann laut der Beschreibung 178 (152/166) M, also 49 (41/45) M Vorderteil + 80 (70/76) M Rückenteil + 49 (41/45) M Vorderteil in der HF aus dem I-Cord für die untere Mantelkante auffassen und rechts str. Die „Seitennähte" kennzeichnen, dazu zwischen Vorderteilen und Rückenteil jeweils einen M-Markierer setzen. Mit den M des I-Cords sind 184 (158/172) M vorhanden, also 3 M + 178 (152/166) M + 3 M.

Beim Hochführen des I-Cords an beiden Seiten jeweils die Fäden der HF und der Fb 1 an den Übergängen auf der Rückseite verkreuzen. Zwischen den I-Cord-M im Grundmuster str.

Nun werden für die Verringerung der Breite immer in einer Hin-R jeweils links und rechts der M-Markierer 2 M zusammengestrickt, also 4 M in einer R abgenommen. Dabei am Vorderteil jeweils 2 M rechts zusammenstr, am Rückenteil jeweils 2 M überzogen zusammenstr. Diese Abn für die verschiedenen Größen wie folgt ausführen:

Für Größe 86/92 und 74/80: 1x nach 5 cm gemessen von der Oberkante I-Cord, 2x nach jeweils 5 cm und 2x nach jeweils 4,5 cm.

Für Größe 62/68: 1x nach 5 cm gemessen von der Oberkante I-Cord, 1x nach weiteren 5 cm, 3x nach jeweils 4 cm.

Es bleiben 164 (142/152) M.

Gleichzeitig in 17 (13/15) cm Gesamthöhe am rechten Vorderteil die ersten beiden Knopflöcher arbeiten wie folgt:

Hin-R: I-Cord str, 2 M str, 2 M abk, 5 M str, 2 M abk, R beenden.

Rück-R: Dem Muster folgen, dabei über den abgeketteten M wieder jeweils 2 M neu dazu anschl.

Bei einer Gesamthöhe von 28 (24/26) cm die Arbeit teilen und Vorderteile mit je 44 (37/40) M + je 3 I-Cord-M und das Rückenteil mit 70 (62/66) M getrennt beenden. Dabei die beiden Knopfloch-R noch 2x nach jeweils 8 (7/7,5) cm Höhe wdh.

## ARM- UND HALSAUSSCHNITTE

### Linkes Vorderteil:

In 28 (24/26) cm Gesamthöhe für den Armausschnitt am linken Rand M abk wie folgt:

In der 1. R 1x 2 M abk, in jeder 2. R 3x 1 M abk und in jeder 4. R 2x (-/1x) 1 M abk = 37 (32/34) M.

Nach weiteren 9 (7/8) cm Armausschnitthöhe wieder 1x 1 M am linken Rand zun, R beenden. Es bleiben 38 M (33/35) M + 3 I-Cord-M.

Nun in der folgenden Hin-R für den Halsausschnitt am rechten Rand wie folgt arbeiten: Die 3 I-Cord-M stilllegen und 1x 16 (12/14) M abk. Dann in jeder 2. R 1x 2 M und 3x 1 M abk.

• **64** •

Für die Schulterschrägung nach 11 (9/10) cm Armausschnitthöhe am linken Rand wie folgt M abk:

**Für Größe 86/92:** In jeder 2. R 4x 4 M abk.

**Für Größe 62/68 und 74/80:** In jeder 2. R 3x 4 M und 1x 3 M abk.

Nun den I-Cord an den Halsausschnitt anstr. Dafür die 3 I-Cord-M wieder auf die Nd heben und 1 R I-Cord für die Rundung str. In der folgenden I-Cord-R * 2 M str, dann die 3. M abh, aus dem Ausschnitt 1 M auffassen, diese M rechts str und die abgehobene M darüberziehen. Die M an das andere Ende der Nd schieben und ab * 16x (12x/14x) wdh bis an das Ende des Ausschnittrandes.

**Rechtes Vorderteil:**

Gegengleich arbeiten. Am Halsausschnitt den I-Cord von der Rückseite aus anstr. Die M dafür aus dem hinten liegenden M-Glied des I-Cords holen.

**Rückenteil:**

In 28 (24/26) cm Gesamthöhe für die Armausschnitte beidseitig M abk wie folgt:

In der 1. R 1x 2 M abk.

In jeder 2. R 3x 1 M abk.

In jeder 4. R 2x (-/1x) 1 M abk.

Nach insgesamt 9 (7/8) cm Armausschnitthöhe wieder 1x 1 M am linken Rand zun, R beenden.

Es bleiben 57 (53/55) M.

Weitere 6 R alle M im Grundmuster str.

Für die Schulterschräge nach 11 (9/10) cm Armausschnitthöhe beidseitig wie folgt abk:

**Für Größe 86/92:** In jeder 2. R 4x 4 M abk.

**Für Größe 62/68 und 74/80:** In jeder 2. R 3x 4 M und 1x 3 M abk.

Gleichzeitig für den Halsausschnitt nach 11 (9/10) cm Armausschnitthöhe die mittleren 19 (17/19) M abk, dann beidseitig in jeder 2. R 1x 2 M und 1x 1 M abk.

## ÄRMEL

Mit Nd-Spiel 4,0 mm und Fb 1 einen I-Cord über 38 (34/36) R arbeiten. Dafür 3 M anschl und 1 R rechte M str. Die M an die Nd-Spitze schieben, der Faden liegt dabei hinter der Arbeit. Die M wieder rechts abstr. Auf diese Weise noch weitere 36 (32/34) R arbeiten, dann die 3 M abk.

Nun 38 (34/36) M aus dem I-Cord auffassen und in der HF rechts str. Dafür immer je R einen M-Schenkel auf die Nd nehmen und rechts str. Darauf achten, dass die M in einer Linie aufgenommen werden. Die Arbeit wenden und in der Rück-R alle M links str.

In der folgenden Hin-R mit der 1. R des Grundmusters beginnen. Im Grundmuster str, dabei wie folgt für die Ärmelschrägung beidseitig nach bzw. vor der Rand-M jeweils 1 M zun:

**Für Größe 86/92:** In jeder 8. R 5x je 1 M und in jeder 6. R 5x je 1 M zun.

Weitere 6 R str.

**Für Größe 62/68:** In der 8. R 1x 1 M und in jeder 6. R 7x je 1 M zun.

Weitere 4 R str.

**Für Größe 74/80:** In jeder 8. R 4x je 1 M zun und in jeder 6. R 5x je 1 M zun.

Weitere 2 R str.

Nach 76 (52/64) R = 19 (13/16) cm Gesamthöhe sind 58 (50/54) M vorhanden.

Nun für die Armkugel wie folgt abn:

In der 1. R (= Hinr) und 2. R auf beiden Seiten die äußeren 2 M abk, dann beidseitig in jeder 2. R 3x (1x/2x) 2 M, 4x (6x/5x) 1 M, 1x 2 M, 2x 3 M und 1x 4 M abk.

In 25,5 (19,5/22,5) cm Gesamthöhe die verble benden 10 (6/8) M abk.

## KRAGEN

Mit Nd-Spiel 3,5 mm und einem Hilfsfaden in der HF der Beschreibung „I-Cord über 3 Maschen beidseitig um die Ecke führen" (siehe Seite 20/21) folgen. 1 R Hilfsanschlag + 65 (57/61) R I-Cord in Fb 1 str. Dann laut der Beschreibung 61 (54/57) M in der HF aus dem I-Cord für die Kragenbreite auffassen und rechts str.

M-Zahl insgesamt mit I-Cord-M: 67 (59/63) M, also 3 M I-Cord + 61 (53/57) M + 3 M I-Cord.

Beim Hochführen des I-Cords an beiden Seiten jeweils die Fäden der HF und der Fb 1 an den Übergängen auf der Rückseite verkreuzen. Zwischen den I-Cord-M im Grundmuster str.

Nach 24 R = 6 cm Gesamthöhe innerhalb des Grundmusters 4x 2 M wie folgt abn.

**Für Größe 86/92:** Die 10. + 11. M rechts zusammenstr und die 12. + 13. M rechts überzogen zusammenstr. Diese beiden Abn (2 M rechts zusammenstr und 2 M rechts überzogen zusammenstr) noch 3x wdh:

mit der 23. + 24. M und der 25. + 26. M,

mit der 36. + 37. M und der 38. + 39. M,

mit der 49. + 50. M und der 51. + 52. M.

**Für Größe 62/68:** Die 6. + 7. M rechts zusammenstr und die 8. + 9. M rechts überzogen zusammenstr. Diese beiden Abn (2 M rechts zusammenstr und 2 M rechts überzogen zusammenstr) noch 3x wdh:

mit der 19. + 20. M und der 21. + 22. M,

mit der 32. + 33. M und der 34. + 35. M,

mit der 45. + 46. M und der 47. + 48. M.

**Für Größe 74/80:** Die 8. + 9. M rechts zusammenstr und die 10. + 11. M rechts überzogen zusammenstr. Diese beiden Abn (2 M rechts zusammenstr und 2 M rechts überzogen zusammenstr) noch 3x wdh:

mit der 21. + 22. M und der 23. + 24. M,

mit der 34. + 35. M und der 36. + 37. M,

mit der 47. + 48. M und der 49. + 50. M.

M-Zahl insgesamt mit I-Cord-M: 59 (51/55) M, also 3 M I-Cord + 53 (45/49) M + 3 M I-Cord.

Weitere 6 R (= 1,5 cm) ohne Abn str. Alle M elastisch abk wie folgt: Die 1. und 2. I-Cord-M rechts str, die 2. M auf der linken Nd lassen, * die 1. M über die 2. M ziehen. Die folgende M wieder rechts str und auf der Nd lassen, ab * stets wdh.

## TASCHEN

Mit Nd-Spiel 3,5 mm in der HF 16 M anschl und im Grundmuster str. In 8 cm Gesamthöhe alle M elastisch abk.

Nun den I-Cord in Fb 1 an die obere Taschenkante anstr wie unter „I-Cord anstricken" beschrieben. Dann die 3 I-Cord-M abk.

## FERTIGSTELLEN

Die Teile spannen. Die Schulternähte im Rückstich schließen (siehe Seite 19).

Die Taschen bei 10 (8/9) cm Gesamthöhe (Abstand Mantelsaum zu Taschenunterkante) und 2 cm Abstand von den Seitennahtbereichen entfernt aufnähen.

Ärmelnähte schließen und Ärmel sauber einnähen. Dafür wie folgt vorgehen: Mit Heftfaden den Verlauf der Ärmelnaht am Vorder- und Rückenteil und die Seitennahtbereiche markieren. Den Ärmel rechts auf rechts in den Armausschnitt heften, dabei unter dem Arm Kante auf Kante stecken; im oberen Bereich die Weite des Ärmels gleichmäßig verteilen und den Ärmel etwas einrücken, sodass die Naht nicht in den abgeketteten Rändern verläuft (das Maschenbild sieht sonst unruhig aus). Nun mit Rückstichen den Ärmel einnähen. Zum Abschluss die Ärmelnähte vorsichtig unter Tüchern dämpfen, dabei die Nahtzugaben in den Ärmel legen.

Den Kragen annähen. Die Nähte vorsichtig von links unter Tüchern dämpfen. Auf der linken Verschlussblende die Knöpfe annähen. Um die Blenden am Halsausschnitt ganz exakt schliessen zu können noch 2 Druckknöpfe innenliegend unterhalb des umlaufenden I-Cords annähen.

# MANTEL

### RÜCKENTEIL

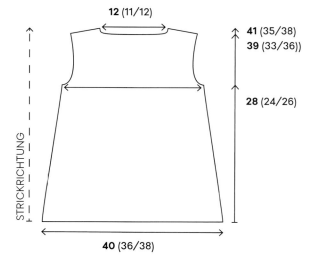

### VORDERTEIL

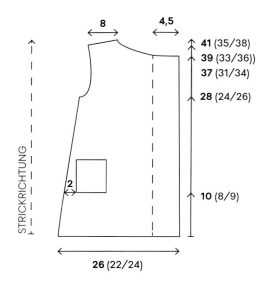

### ÄRMEL

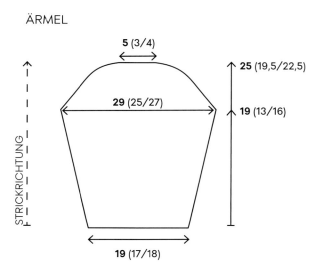

### KRAGEN

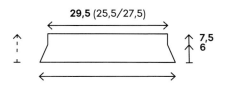

# Mütze

## GRÖSSE

50/52 = Kopfumfang 49–52 cm

42/44 = Kopfumfang 41–44 cm

46/48 = Kopfumfang 45–48 cm

Hinweis: Für die Größe 50/52 stehen die Angaben vor der Klammer, für die Größen 42/44 und 46/48 stehen die Angaben in der Klammer, durch Schrägstriche getrennt. Steht nur eine Angabe, gilt diese für alle Größen.

## MATERIAL

♡ Lamana Bergamo (75 % Schurwolle 25 % Alpaka, LL 65 m/25 g) in Karmin (Fb 33), 50 g

♡ Nadelspiel 4,0 mm

♡ Maschenmarkierer

## MASCHENPROBE

Mit Nd 4,0 mm im Grundmuster:
20 M und 40 R = 10 x 10 cm

## GRUNDMUSTER

**In R:**
**1. R (Hin-R):** Rand-M, * 1 M rechts, 1 M wie zum Linksstr abh mit dem Faden hinter der Arbeit, ab * stets wdh, Rand-M.
**2. R (Rück-R):** Rand-M, alle M links str, Rand-M.
**3. R (Hin-R):** Rand-M, * 1 M wie zum Linksstr abh mit dem Faden hinter der Arbeit, 1 M rechts, ab * stets wdh, Rand-M.
**4. R (Rück-R):** Wie die 2. R str.

Die 1.–4. R stets wdh.

**In Rd:**
**1. Rd:** * 1 M rechts, 1 M wie zum Linksstr abh mit dem Faden hinter der Arbeit, ab * stets wdh.
**2. Rd:** Alle M rechts str.
**3. Rd:** * 1 M wie zum Linksstr abh mit dem Faden hinter der Arbeit, 1 M rechts, ab * stets wdh.
**4. Rd:** Wie die 2. Rd str.

Die 1.–4. Rd stets wdh.

## ZUNAHMEN

Für eine Zun jeweils aus 1 M 2 M (= 1 M rechts und 1 M rechts verschr) herausstr.

# ANLEITUNG

Die Mütze wird in Rd von der Spitze bis zum Bündchen gearbeitet. Die Zun für den Mützenumfang erfolgen über 8 Zun-Stellen. Der I-Cord wird abschließend an der vorderen Ausschnittkante angestrickt und ergibt die Umrandung und die Bindebänder. Zuletzt den I-Cord an den hinteren Ausschnittrand arbeiten.

Die Mützenhöhe wird hier von der Spitze bis zum Anfang der Ohrenklappe gemessen abzüglich 2 cm für die Ohrenklappe. Die Mützenbreite wird nach den Zun-Rd und einigen Zentimetern Strickstück gemessen. Die Mütze liegt dafür flach auf dem Tisch.

## MASCHENANSCHLAG SPITZENBEGINN

**1. R:** Mit 2 Nd des Nd-Spiels 4,0 mm 4 M anschl, 4 M rechts str, die Arbeit nicht wenden, sondern die M an das andere Ende der Nd schieben.
**2. R:** Den Faden hinter der Arbeit an den Nd-Anfang holen und die M rechts abstr.
**3. R:** Den Faden hinter der Arbeit an den Nd-Anfang holen und aus jeder M 2 M herausstr.
Die 8 M auf 4 Nd verteilen und die Arbeit zur Rd schließen. Den Rd-Beginn mit einem M-Markierer kennzeichnen.

**1. Rd:** Rechte M str.
**2. Rd:** Aus jeder M 2 M herausstr = 16 M.
**3. Rd:** Wie die 1. Rd str.
**4. Rd:** Aus jeder 2. M 2 M herausstr = 24 M.
**5. Rd:** Wie die 1. Rd str.
**6. Rd:** Aus jeder 3. M 2 M herausstr = 32 M.
**7. Rd:** Wie die 1. Rd str.

## ZUNAHME SPITZE UND HAUPTTEIL IM GRUND-MUSTER

Nun zwischen den Zun-M mit dem Grundmuster wie folgt beginnen:

**1. Rd:** * 1 M rechts, 1 M abh, 1 M rechts, aus 1 M 2 M herausstr, ab * 7x wdh = 40 M.
**2. Rd:** Rechte M str.
**3. Rd:** * 1 M abh, 1 M rechts, 1 M abh, 1 M rechts, aus 1 M 2 M herausstr, ab * 7x wdh = 48 M.
**4. Rd:** Wie die 2. Rd str.

Im Folgenden werden die Zun über den gleichen Stellen gearbeitet und in der 1. und 4. Rd jeweils 8 M zugenommen. Das Grundmuster jeweils an die vergrößerte

M-Zahl zwischen den Zun-M anpassen und den Versatz des Musters beachten.

**Für Größe 50/52:** Die 1.–4. Rd 2x wdh = 80 M.

**Für Größe 42/44:** Die 1.–4. Rd 1x wdh und dann die 1.–2. Rd noch 1x wdh = 72 M.

**Für Größe 46/48:** Die 1.–4. Rd 1x wdh, dann die 1.–2. Rd 1x wdh. Anschließend in der 3. Rd nur in jeder 2. Zun-M 1 M zun (es werden als in dieser 3. Rd insgesamt nur 4 M zugenommen), die anderen Zun-M als rechte M abstr. Dann die 4. Rd noch 1x str = 76 M.

Weiter ohne Zun im Grundmuster bis zu einer Mützenhöhe von 15 (13/14) cm str. Mit einer 1. Rd des Grundmusters enden. Die Mütze ist jetzt 18 (16/17) cm breit.

## ABNAHMEN FÜR AUSSCHNITT VORN UND HINTEN

In der folgenden Rd (rechte M) die letzten 6 (4/5) M der 2. Nd und die ersten 6 (4/5) M der 3. Nd abk und die Rd beenden. Dabei wegen des Übergangs zum Grundmuster in R (vorher in Rd) die letzte M der 4. Nd und die 1. M der 1. Nd rechts zusammenstr. Die hintere Mitte liegt zwischen den beiden Nd, wobei das rechte Vorderteil um die zusammengestrickte M reduziert wird: Auf der 3. und 4. Nd (linkes Mützenteil) liegen zusammen 34 (32/33) M. Auf der 1. und 2. Nd (rechtes Mützenteil) liegen zusammen 33 (31/32) M. Die 4. und die 1. Nd liegen dabei auf der hinteren Mützenseite.

Auf der 1. und 2. Nd die 3. Grundmuster-R str. Die Arbeit wenden und 3 M für den vorderen Ausschnitt rechts abk; restlichen M links str. Den Arbeitsfaden abschneiden.

Nun mit einem neuen Faden auf der 3. Nd für den vorderen Ausschnitt links die ersten 3 M abk. Die 61 (57/59) M aller vier Nd nun im Musterverlauf der 1. Grundmuster-R str. ** Die Arbeit wenden und 2 M für den vorderen Ausschnitt rechts abk; die restlichen M links str, die Arbeit wenden und 2 M für den vorderen Ausschnitt links abk; die restlichen M im Musterverlauf der 3. Grundmuster-R str. Diese Abn ab ** 1x wdh = 53 (49/51) M. Dabei in der letzten R nur bis 4 (4/5) M vor der hinteren Mitte, also bis 4 (4/5) M vor dem Ende der 4. Nd str. Nun für den hinteren Ausschnitt die letzten 4 (4/5) M der 4. Nd sowie die ersten 3 (3/4) M der 1. Nd abk = 23 (21/21) M je Seite.

Die Ohrenklappen werden separat beendet.

## OHRENKLAPPE (2x)

Dabei an dem vorderen Ausschnitt in jeder 2. R 3x 2 M und 4x 1 M abk. Gleichzeitig am hinteren Ausschnitt in jeder 2. R wie folgt arbeiten:

**Für Größe 50/52:** 1x 4 M, 1x 3 M, 1x 2 M und 4x 1 M abk.

**Für Größe 42/44 und 46/48:** 1x 3 M, 2x 2 M und 4x 1 M abk.

Den Arbeitsfaden durch die verbleibende M ziehen.

## I-CORD ALS ABSCHLUSSKANTE UND BINDEBAND

Für das rechte Bindeband mit 2 Nd des Nd-Spiels 3 M anschl und der Beschreibung I-Cord folgen. I-Cord bis zu einer Länge von 28 cm str. Nun den I-Cord weiterstr und gleichzeitig an der vorderen Ausschnittkante anstr; beginnend an der rechten vorderen Ohrenklappenspitze wie folgt: Die 3 I-Cord-M zum Beginn der Nd schieben und nur 2 M rechts str, die 3. M rechts abh.

Nun mit der linken Nd aus der Ausschnittkante 1 M auffassen und rechts str und die abgehobene M darüberziehen. An der vorderen Ausschnittkante von Ohrenklappenspitze zu Ohrenklappenspitze 56 (48/52) R I-Cord arbeiten = Ausschnittweite 27 (23/25) cm.

Anschließend den I-Cord am hinteren Ausschnittrand arbeiten: Mit dem Nd-Spiel 3 M anschl und 1 R rechte M str. Dann die M an das andere Nd-Ende schieben und mit dem Faden hinter der Arbeit 2 M rechts str, die 3. M rechts abh, die 1. M aus der hinteren Seite der Ohrenklappenspitze auffassen und rechts str und die 3. M darüberziehen.

An der hinteren Ausschnittkante von Ohrenklappenspitze zu Ohrenklappenspitze 42 (34/38) R I-Cord arbeiten = Ausschnittweite 19 (15/17) cm. Beginn und Ende des hinteren I-Cord sollen an den vorderen I-Cord anstoßen.

## FERTIGSTELLEN

Den hinteren I-Cord an den vorderen I-Cord annähen. Alle Fäden sauber einweben und vernähen.

# MÜTZE

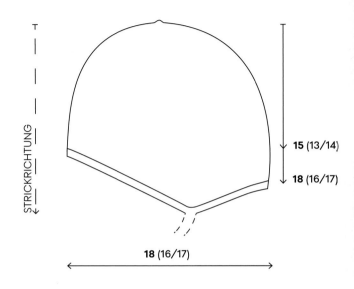

# Oscar

KUSCHLIGER JACQUARDSTRICK FÜR KLEINE JUNGEN

## Pullover

### GRÖSSE

74/80, 50/56, 62/68, 86/92

Die Angaben für die Größe 74/80 stehen vor der Klammer, für die Größen 50/56, 62/68, 86/92 stehen die Angaben in der Klammer, durch Schrägstriche getrennt. Steht nur eine Angabe, gilt diese für alle Größen.

### MATERIAL

- Rosy Green Wool Big Merino Hug (100 % Schurwolle, LL 160 m/100 g) in Deep Ocean (Fb 63),150 g, in Artic Sea (Fb 107), Lagune (Fb 51) und Air (Fb 115), je 50 g
- Rundstricknadel 4,0 mm und 5,0 mm, je 60 cm lang
- Nadelspiel 4,0 mm, 5,0 mm und 3,5 mm
- 2 Maschenmarkierer
- 4 Knöpfe, Ø 15 mm

### MASCHENPROBE

Mit Nd 5,0 mm im Jacquardmuster: 19 M und 20 R = 10 x 10 cm

### FARBAUFTEILUNG

**HF:** Deep Ocean
**Fb 1:** Artic Sea
**Fb 2:** Lagune
**Fb 3:** Air

### RANDMASCHEN

**Knötchenrand:** * Am R-Anfang den Faden hinter die Arbeit legen und die Rand-M wie zum Rechtsstr abh. Dann die R mustergemäß str und am R-Ende die Rand-M rechts str. Die Arbeit wenden und ab * wdh.

### BÜNDCHENMUSTER

**1/1-Rippe in Rd:** * 1 M rechts, 1 M links str, ab * stets wdh.

**1/1-Rippe in R:**
**1. R (Hin-R):** Rand-M, * 1 M rechts, 1 M links str, ab * stets wdh, Rand-M.
**2. R (Rück-R):** Zwischen den Rand-M die M str, wie sie erscheinen.

### GLATT RECHTS

**In R:** In Hin-R alle M rechts str, in Rück-R alle M links str.
**In Rd:** Alle M rechts str.

### JACQUARDMUSTER

Hinweise für das Jacquardstricken auf S. 16 beachten.

**Abn:** Für saubere Ränder bei schwerem Gestrick für die Abn der Arm- und Halsausschnitte das Jacquardmuster erst 4 M nach R-Beginn starten bzw. 4 M vor R-Ende enden lassen. Die jeweils 4 M zu R-Beginn und -Ende einfarbig in der HF str.

**Body (Vorder- und Rückenteil Pullover):** Alle Rd/R glatt rechts nach dem Zählmuster Body str. Für das Vorderteil * die 4.–19. (7.–22./6.–21./1.–16.) M 3x (2x/2x/3x) str, dann noch 1x die 4. (7.–17./6.–18./1.–7.) M str, für das Rückenteil ab * 1x wdh.

Ärmel: Alle Rd/R glatt rechts nach dem Zählmuster Ärmel str. Die 2.–17. (4.–19./3.–18./1.–16.) M 2x (1x/1x/2x) str, dann noch 1x die 18. (4.–16./3.–17./17.–19.) M str. Die M, die für die Ärmelschrägung zugenommen werden, in das Muster einfügen.

### Höhenrapport für Body und Ärmel:

**Bereich A** (= 1.–9. R/Rd): HF und Fb 1
**Bereich B** (= 10.–18. R/Rd): HF und Fb 2
**Bereich A** (= 19.– 27. R/Rd): HF und Fb 3
**Bereich B** (= 28.–36. R/Rd): HF und Fb 1
**Bereich A** (= 37.–45. R/Rd): HF und Fb 2
**Bereich B** (= 46.–54. R/Rd): HF und Fb 3

## ANLEITUNG

Der Pullover wird in einem Stück vom unteren Rand bis zur Höhe der Armausschnitte in Rd gestrickt. Vorder- und Rückenteil werden parallel zur Abn der Armausschnitte separat in R beendet. Die Ärmel werden separat in Rd gestrickt und dann eingesetzt.

### MASCHENANSCHLAG UND -EINTEILUNG BODY

Mit Rundstrick-Nd 4,0 mm und der HF 98 (86/90/110) M anschl und die Arbeit zur Rd schließen. 6 Rd (= 3 cm) im Bündchenmuster str, dann 1 Rd rechte M in der HF str.

Nun die M einteilen wie folgt: Vorder- und Rückenteil je 49 (43/45/55) M, die „Seitennähte" kennzeichnen, dazu zwischen Vorderteil und Rückenteil jeweils einen M-Markierer setzen.

### ZÄHLMUSTER BODY

Zu Rundstrick-Nd 5,0 mm wechseln. Ab der folgenden Rd glatt rechts im Jacquardmuster nach dem Zählmuster str: Je Rd für das Vorderteil * die 4.–19. (7.–22./6.–21./1.–16.) M 3x (2x/2x/3x) str, dann noch 1x die 4. (7.–17./6.–18./1.–7.) M str, für das Rückenteil ab * 1x wdh.

Den Höhenrapport wie angegeben arbeiten. Die Kontrast-Fb fortlaufend von Fb 1 bis Fb 3 str.

### ARM- UND HALSAUSSCHNITTE VORDERTEIL

In 18 (14/16/20) cm Gesamthöhe die M des Rückenteils stilllegen und über das Vorderteil in R im Jacquardmuster weiterstr, dabei für die Armausschnitte beidseitig für alle Größen wie folgt M abk:

**1. R:** 1x 1 M abk.
**Jede 2. R:** 2x 1 M abk.

Nur für Größe 86/92 noch zusätzlich: Beidseitig 1x 1 M abk.

Es bleiben für das Vorderteil 43 (37/39//47) M.

In 25 (19/22/28) cm Gesamthöhe für den vorderen Halsausschnitt die mittleren 11 (7/9/13) M abk und die Seiten des Vorderteils mit je 16 (15/15/17) M getrennt beenden wie folgt:

☐ **HF**

■ **BEREICH A:**
Fb 1
bzw.
Fb 3
bzw.
Fb 2

■ **BEREICH B:**
Fb 2
bzw.
Fb 1
bzw.
Fb 3

In jeder 2. R auf der Seite des Halsausschnitts 1x 3 M und 1x 2 M abk.

Es bleiben je Seite 11 (10/10/12) M.

In der folgenden R rechte M in der HF str.

In 28 (22/25/31) cm Gesamthöhe noch 6 R (= 3 cm) im Bündchenmuster mit Nd 4,0 mm str. Dabei in der 3. R 4 M vom äußeren Rand entfernt je ein Knopfloch pro Seite arbeiten wie folgt: 2 M zusammenstr, 1 U; den U in der Rück-R mustergemäß str.

Dann alle M abk.

## ARM- UND HALSAUSSCHNITTE RÜCKENTEIL

In 18 (14/16/20) cm Gesamthöhe über die stillgelegten 49 (43/45/55) M des Rückenteils in R im Jacquardmuster weiterstr, dabei für die Armausschnitte beidseitig für alle Größen wie folgt abk:

In der 1. R 1x 1 M abk.

In jeder 2. R 3x 1 M abk.

**Nur für Größe 86/92 noch zusätzlich:** Beidseitig 1x 1 M abk.

Es bleiben für das Rückenteil 41 (35/37/45) M.

In 27 (21/24/30) cm Gesamthöhe für den hinteren Halsausschnitt die mittleren 13 (9/11/15) M abk und die Seiten des Rückenteils mit je 14 (13/13/15) M getrennt beenden wie folgt: In jeder 2. R auf der Seite des Halsausschnitts 1x 3 M abk. Es bleiben je Seite 11 (10/10/12) M.

In der folgenden R rechte M in der HF str. In 29 (23/26/32) cm Gesamthöhe noch 6 R (= 3 cm) im Bündchenmuster mit Nd 4,0 mm str. Dann alle M abk.

## ÄRMEL (2x)

Mit Nd-Spiel 4,0 mm und der HF 33 (29/31/35) M anschl und die Arbeit zur Rd schließen. 6 Rd (= 3 cm) im Bündchenmuster str, dann 1 Rd rechte M in der HF arbeiten. Nun den Rd-Beginn mit einem M-Markierer kennzeichnen. Zu Nd-Spiel 5,0 mm wechseln und glatt rechts im Jacquardmuster nach dem Zählmuster arbeiten: Die 2.–17. (4.–19./3.–18./1.–16.) M 2x (1x/1x/2x) str, dann noch 1x die 18. (4.–16./3.–17./17.–19.) M str. Die Kontrast-Fb fortlaufend von Fb 1 bis Fb 3 str.

Für die Ärmelschrägung beidseitig des M-Markierers wie folgt je 1 M zun, dazu jeweils aus 1 M 2 M (= 1 M rechts, 1 M rechts verschränkt) herausstr:

**Für Größe 74/80 (50/56 und 62/68):** In jeder 6. Rd 5x (3x/4x) je 1 M zun = 43 (35/39) M.

**Für Größe 86/92:** In jeder 8. Rd 1x je 1 M zun und in jeder 6. Rd 5x je 1 M zun = 47 M.

Die zugenommenen M in das Muster einfügen.

Weitere 6 (2/4/6) Rd im Muster str.

## ZÄHLMUSTER ÄRMEL

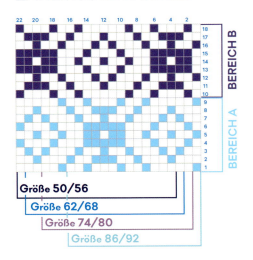

☐ HF

**BEREICH A:**
Fb 1
bzw.
Fb 3
bzw.
Fb 2

**BEREICH B:**
Fb 2
bzw.
Fb 1
bzw.
Fb 3

In 21 (13/17/25) cm Gesamthöhe in R weiterarbeiten (Rd-Beginn = R-Beginn) und für die Armkugel in der 1. R (Hin-R) und 2. R die äußeren je 4 (3/3/4) M abk = 35 (29/33/39) M. Dann beidseitig in jeder 2. R wie folgt abk:

**Für Größe 74/80:** 4x 2 M, 1x 3 M abk.

**Für Größe 50/56:** 2x 2 M, 2x 1 M, 1x 2 M abk.

**Für Größe 62/68:** 5x 2 M abk.

**Für Größe 86/92:** 2x 3 M, 2x 2 M, 1x 3 M abk.

In der letzten Rück-R in der HF rechte M str.

In einer Gesamthöhe von 27 (19/ 23/31) cm die verbleibenden 13 M abk.

## FERTIGSTELLEN

Die Teile spannen. Für die Ausschnittblende aus dem Halsausschnitt am Rückenteil 30 (26/28/32) M mit dem Nd-Spiel 4,0 mm auffassen und 6 R im Bündchenmuster str. Alle M auf der Vorderseite abk. Aus dem Halsausschnitt am Vorderteil 30 (26/28/32) M mit dem Nd-Spiel 4,0 mm auffassen und auf Höhe der Schulter in der 3. R beidseitig ein Knopfloch arbeiten, ca. 3 M vom Rand entfernt. Alle M auf der Vorderseite abk. Ärmel einsetzen und alle Fäden sauber vernähen. Die Nähte vorsichtig von der linken Seite unter einem Tuch dämpfen. Die Knöpfe annähen.

# PULLOVER

RÜCKENTEIL

½ ÄRMEL - IN RUNDEN GESTRICKT

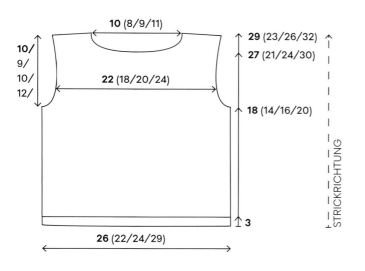
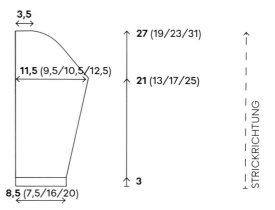

VORDERTEIL

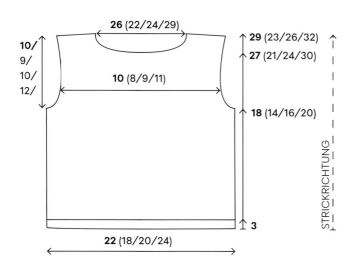

# Mütze

### GRÖSSE
46/48 = Kopfumfang 45–48 cm, 38/40 = Kopfumfang 37–40 cm, 42/44 = Kopfumfang 41–44 cm, 50/52 = Kopfumfang 49–52 cm

Mützenbreite: 17,5 (15,5/16,5/18,5) cm

### MATERIAL
- Rosy Green Wool Big Merino Hug (100 % Schurwolle, LL 160 m/100 g) in Deep Ocean (Fb 63), 50 g, in Artic Sea (Fb 107), Lagune (Fb 051) und Air (Fb 115), je 25 g
- Nadelspiel 4,0 mm, 4,5 mm und 3,5 mm
- Maschenmarkierer

Die Angaben für die Größe 46/48 stehen vor der Klammer, für die Größen 38/40, 42/44, 50/52 stehen die Angaben in der Klammer, durch Schrägstriche getrennt. Steht nur eine Angabe, gilt diese für alle Größen.

### MASCHENPROBE
Mit Nd 4,5 mm im Jacquardmuster:
21 M und 22 R = 10 x 10 cm

### FARBAUFTEILUNG
**HF:** Deep Ocean
**Fb 1:** Artic Sea
**Fb 2:** Lagune
**Fb 3:** Air

### BÜNDCHENMUSTER
**1/1-Rippe in Rd:** * 1 M rechts, 1 M links str, ab * stets wdh.

**Tipp:** Das Abketten eines Bündchens immer auf der Vorderseite vornehmen. Außerdem empfiehlt es sich, die letzte R mit Nd 3,5 mm zu str und mit dieser Nd-Stärke anschließend auch die M sauber und nicht zu locker abzuketten.

### GLATT RECHTS
**In Rd:** Alle M rechts str.

### JACQUARDMUSTER
Hinweise für das Jacquardstricken auf S. 16 beachten. Alle Rd glatt rechts nach dem Zählmuster Mütze str. Den Mustersatz von 4 M stets wdh. Die 1.–6. Rd stets wdh.

## MÜTZE

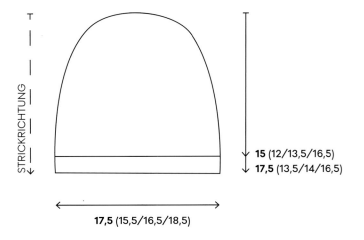

## ANLEITUNG

Die Mütze wird in Rd von der Spitze zum Bündchen gearbeitet. Die Zun für den Mützenumfang erfolgen über 8 Zun-Stellen.

Die Mützenhöhe wird von Bundbeginn gemessen. Die Mützenbreite wird gemessen, nachdem die Zun-Rd und einige Zentimeter Höhe gestrickt sind. Die Mütze liegt dafür flach auf dem Tisch.

### MASCHENANSCHLAG SPITZENBEGINN

Mit 2 Nd des Nd-Spiels 4,0 mm in der HF 8 M anschl, die Arbeit zur Rd schließen und den Rd-Beginn mit einem M-Markierer kennzeichnen.

Glatt rechts in der HF str, dabei wie folgt zun:

**1. Rd:** Rechte M str.
**2. Rd:** Rechte M str, dabei aus jeder M 2 M (= 1 M rechts, 1 M rechts verschränkt) herausstr.

Die 16 M auf 4 Nd des Nd-Spiels verteilen.

**3. Rd:** Rechte M str.
**4. Rd:** Rechte M str, dabei an den 8 Zun-Stellen wieder jeweils aus 1 M 2 M herausstr (= 24 M).
**5.–16. (5.–14./5.–14./5.–16.) Rd:** Die 3. und 4. Rd 6x (5x/5x/6x) wdh.

**Zusätzlich nur für Größe 42/44 und 50/52:**

**15. (17.) Rd:** Rechte M str.
**16. (18.) Rd:** Rechte M str, dabei an der jeweils 1. Zun-Stelle einer Nd je 1 M zun (= aus 1 M 2 M herausstr) (= pro Rd 4 M zun).

Nach den Zun sind 72 (64/68/76) M vorhanden.

## HAUPTTEIL

Ab der nächsten Rd = 17. (15./17./19.) Rd zu Nd-Spiel 4,5 mm wechseln und glatt rechts im Jacquardmuster nach dem Zählmuster str, dabei den Mustersatz von 4 M 18x (16x/17x/19x) pro Rd wdh.

**Für Größe 46/48 und 50/52:** Die 1.–6. Rd des Zählmusters 3x str (= 18 Rd).

**Für Größe 38/40:** Die 1.–6. Rd des Zählmusters 2x str (= 12 Rd).

**Für Größe 42/44:** Die 1.–6. Rd 2x str, dann die 1.–3. Rd noch 1x arbeiten (=15 Rd).

Die Kontrast-Fb fortlaufend von Fb 1 bis Fb 3 str.

Die folgende Rd = 35. (27./32./37.) Rd in der HF glatt rechts str. Dann in 15 (12/13,5/16) cm Mützenhöhe 5 Rd (= 2 cm) im Bündchenmuster str. In 17 (14/15,5/18,5) cm Mützenhöhe zu Nd-Spiel 3,5 mm wechseln und noch 1 Rd im Bündchenmuster str, dann alle M mustergemäß abk. Dabei darauf achten, weder zu straff noch zu locker abzuketten.

## FERTIGSTELLEN

Alle Fäden vernähen.

## ZÄHLMUSTER MÜTZE

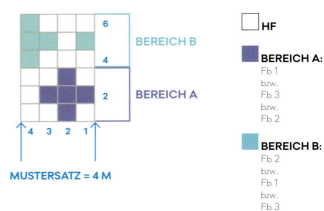

# Alma

## SOMMERLICHE SPITZE FÜR KLEINE ROMANTIKERINNEN

## Pulli

### GRÖSSE
74/80, 50/56, 62/68, 86/92

Für die Größe 74/80 stehen die Angaben vor der Klammer, für die Größen 50/56, 62/68, 86/92 stehen die Angaben in der Klammer, durch Schrägstriche getrennt. Steht nur eine Angabe, gilt diese für alle Größen

### MATERIAL
♡ Sandnes Garn Mandarin Petit (100 % Baumwolle, LL 180 m/50 g) in Lilla (Fb 5553), 100 g

♡ Nadelspiel 2,5 mm

♡ Rundstricknadel 2,5 mm, 40 cm lang

♡ Maschen- und Reihenmarkierer

♡ 1 Knopf, Ø 15 mm

### MASCHENPROBE
Mit Nd 2,5 mm im Lochmuster: 25 M und 39 R = 10 x 10 cm

### RANDMASCHEN
**Kettrand:** * Am R-Anfang den Faden vor die Arbeit legen und die Rand-M wie zum Linksstr abh. Dann die R mustergemäß str und am R-Ende die Rand-M rechts str. Die Arbeit wenden und ab * wdh.

### BÜNDCHENMUSTER: KRAUS RECHTS
**In Rd:**
**1. Rd:** Rechte M str (= Rechts-Rd).
**2. Rd:** Linke M str (= Links-Rd).
Die 1. und 2. Rd stets wdh.
**In R:** Stets rechte M str.

### LOCHMUSTER IN REIHEN
Es sind alle R gezeichnet. Die Hin-R (ungeraden R) nach der Strickschrift str, in den Rück-R (geraden R) nicht der Strickschrift folgen, sondern alle M und U links str. Den Mustersatz von 14 M stets wdh. Die 1.–20. R wie in der Anleitung angegeben wdh.

### LOCHMUSTER IN RUNDEN
In allen Rd nach der Strickschrift str. Den Mustersatz von 14 M und die 1.–20. Rd wie in der Anleitung angegeben wdh.

### RAGLANSCHRÄGUNGEN VON OBEN NACH UNTEN
Die beidseitige Raglan-Zun von je 1 M erfolgt direkt vor und hinter den 4 Raglan-M: Bis vor die Raglan-M str, dann den QF mit der linken Nd anheben und mit der rechten Nd unter dem vorderen M-Schenkel einstechen, den Faden holen und durchziehen; die Raglan-M rechts abstr; dann den QF mit der linken Nd anheben und mit der rechten Nd unter dem hinteren M-Schenkel einstechen, den Faden holen und durchziehen.

# ANLEITUNG

Der Pulli wird in einem Stück von oben nach unten erst in R, dann in Rd mit vier Raglanschrägungen im Bereich der Armausschnitte gestrickt. Die M der kurzen Ärmel werden stillgelegt und zum Schluss jeweils separat fertiggestellt.

## MASCHENANSCHLAG VORDERTEIL

61 M mit der Rundstrick-Nd 2,5 mm anschl. Bis die Arbeit zur Rd geschlossen wird, stets den Kettrand arbeiten. 5 R im Bündchenmuster str, dann 1 R linke M arbeiten.

**7. R:** Rechte M str, dabei aus jeder 2. M je 1 M aus dem QF zun: den QF mit der linken Nd anheben und mit der rechten Nd unter dem vorderen M-Schenkel einstechen, den Faden holen und durchziehen (= 90 M).

Nun wieder 1 R linke M str, dabei die M mithilfe von M-Markierer wie folgt aufteilen:

Rand-M, 14 M Rückenteil, 1 Raglan-M, 14 M Ärmel, 1 Raglan-M, 28 M Vorderteil, 1 Raglan-M, 14 M Ärmel, 1 Raglan-M, 14 M Rückenteil, Rand-M.

Nun mit der 1. R des Lochmusters nach der Strickschrift beginnen. Dabei für die Raglanschrägung in der 3. R (Hin-R) an den 4 Raglan-M beidseitig je 1 M zun (= 98 M).

Diese Zun nun in jeder 2. R 5x wdh; dabei in der 3. R (Hin-R) des 2. Höhenrapportes (= 23. R) die Arbeit zur Rd schließen (= 138 M) In der folgenden Rd die Rand-M zu Beginn mit der folgenden M und die Rand-M am Rd-Ende mit der vorhergehenden M rechts zusammenstr (= 136 M). Nun den Rd-Anfang mit einem M-Markierer kennzeichnen.

Die Zun für die Raglanschrägung wie folgt arbeiten:

**Für Größe 74/80:** In jeder 3. Rd 8x beidseits der Raglan-M 1 M zun (je Zun-Rd 8 M). In jeder 3. Rd beidseitig 1x 1 M für das Vorder- und das Rückenteil zun (4 M) = 204 M.

**Für Größe 50/56, 62/68 und 86/92:** In jeder 3. Rd 2x/5x/11x beidseits der Raglan-M zun (je Zun-Rd 8 M) = 152/176/224 M.

Die Zun für die Raglanschrägung in jeder 3. Rd 8x (2x/5x/11x) wdh = 204 (152/176/224) M. Die zugenommenen M jeweils in das Muster einfügen, so ergeben sich für das Vorder- und Rückenteil für die 1.–20. Rd

(1. Höhenrapport) je 4 Mustersätze in der Breite, für die 21.–40. Rd (2. Höhenrapport) je 6 Mustersätze in der Breite und für die 41.–60. Rd (3. Höhenrapport) je 8 Mustersätze in der Breite. Die restlichen M, die keinen Mustersatz ergeben, werden in der Folge als rechte M gestrickt.

In einer Gesamthöhe von 123 (10/11/13) cm sind für Vorder- und Rückenteil je 56 (44/50/62) M, für die Ärmel je 44 (30/36/50) M plus 4 Raglan-M = 204 (152/176/224).

Die Ärmel-M stilllegen. Dafür die M auf einen ca. 50 cm langen Faden nehmen und diesen fest verknoten. Die Raglan-M werden jeweils zum Ärmel gegeben.

Die Raglan-M und auch die für den Ärmel je 4 dazu angeschlagenen M (siehe unten) werden nicht in das Muster einbezogen.

In Rd im Lochmuster str bis zu einer Gesamthöhe von 25 (21/23/27) cm, dabei nach der letzten Lochmuster-R noch weitere 5 Rd rechte M str. Dann für das Bündchen 6 Rd kraus rechts str (mit einer Rechts-Rd beginnen). Anschließend noch 1 Rd rechte M str. Alle M fest abk.

## ÄRMEL (2x)

Die stillgelegten M auf das Nd-Spiel 2,5 mm nehmen. Die Rd unter dem Arm beginnen, dafür 4 M unter dem Ärmel dazu anschlagen (siehe Seite 10) und bis Rd-Ende rechte M str. Weiter rechte M str, dabei für die Ärmelschrägung in jeder 2. Rd je 3x wie folgt abn:

Nach den 4 dazu angeschlagenen M: 1 M str, 2 M rechts überzogen zusammenstr.

Vor den 4 dazu angeschlagenen M: Bis 3 M vor diese 4 M str, die nächste und übernächste M rechts zusammenstr.

Nun für das Bündchen 4 Rd kraus rechts str (mit einer Rechts-Rd beginnen). Anschließend noch 1 Rd rechte M str. Alle M fest abk.

## FERTIGSTELLEN

Alle Fäden sauber vernähen.

Für die Knopfschlaufe am hinteren rechten Ausschnitt oben aus dem Kettrand 2 M auffassen, dazu mit 2 Nd des Nd-Spiels 2,5 mm jeweils in die Rand-M einstechen und 1 M herausstr. Über diese 2 M einen 2,5 cm langen I-Cord str (siehe Seite 20). Die M abk und die Schlaufe am Rand befestigen.

Den Pulli vorsichtig unter feuchten Tüchern spannen und trocknen. Den Knopf annähen.

## STRICKSCHRIFT LOCHMUSTER PULLI

**Achtung:** In den Rück-R (geraden R) nicht der Strickschrift folgen, sondern alle M und U links str!

MUSTERSATZ = 14 M

## PULLI

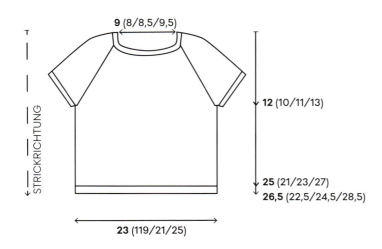

9 (8/8,5/9,5)

12 (10/11/13)

25 (21/23/27)
26,5 (22,5/24,5/28,5)

23 (119/21/25)

STRICKRICHTUNG

# Söckchen

### GRÖSSE
1–2 Jahre = 12 cm Fußlänge (0–1 Jahr = 10 cm Fußlänge)

Für die Größe 1–2 Jahre stehen die Angaben vor der Klammer, für die Größe 0–1 Jahr stehen die Angaben in der Klammer. Steht nur eine Angabe, gilt sie für beide Größen.

### MATERIAL
- Sandnes Garn Mandarin Petit (100 % Baumwolle, LL 180 m/50 g) in Li la (Fb 5553), 50 g, und in Hvit (1002), Rest
- Nadelspiel 2,5 mm
- Dünne Zopfnadel
- Maschenmarkierer

### MASCHENPROBE
Mit Nd 2,5 mm im Ziermuster:
30 M und 42 R = 10 x 10 cm

### FARBAUFTEILUNG
**HF:** Lilla
**Fb 1:** Hvit

### BÜNDCHENMUSTER
**1/1-Rippe in Rd:** * 1 M rechts, 1 M links str, ab * stets wdh.

### GLATT RECHTS
**In R:** In Hin-R alle M rechts str, in Rück-R alle M links str.
**In Rd:** Alle M rechts str.

### ZIERMUSTER
In allen Rd nach der Strickschrift str. Den Mustersatz von 8 M und die 1.–12. Rd stets wdh.

### RANDMASCHEN FERSENWAND
**Kettrand:** * Am R-Anfang den Faden vor die Arbeit legen und die Rand-M wie zum Linksstr abh. Dann die R mustergemäß str und am R-Ende die Rand-M rechts str. Die Arbeit wenden und ab * wdh.

## ANLEITUNG

### SÖCKCHEN (2x)

Bitte beachten Sie auch die Anleitung zum Sockenstricken auf Seite 22/23. 32 M mit Fb 1 anschl, die M gleichmäßig auf 4 Nd verteilen und die Arbeit zur Rd schließen und den Rd-Beginn mit einem M-Markierer kennzeichnen. Im Bündchenmuster str. Nach 3 Rd in Fb 1 zur HF wechseln und weitere 11 Rd str. (Nach 14 Rd ist eine Gesamthöhe von 4 cm erreicht.)

Nun im Ziermuster nach der Strickschrift str, dazu den Mustersatz von 8 M 4x pro Rd str und die 1.–12. Rd 2x arbeiten (= 10 cm Gesamthöhe).

Anschließend die Käppchenferse glatt rechts in R über die 16 M der 1. und 4. Nd arbeiten, die M der 2. und 3. Nd stilllegen. Für die Fersenwand 3,5 cm hochstr, dabei die Rand-M als Kettrand arbeiten. Die M in drei Teile aufteilen: 5/6/5. Weiter glatt rechts ab der nächsten Hin-R das Käppchen über die mittleren 6 M arbeiten (siehe Seite 22).

Nach Beendigung der Ferse den Fuß wieder über alle 32 M str, dabei auf der 1. und 4. Nd glatt rechts und der 2. und 3. Nd im Ziermuster nach der Strickschrift str, bis eine Gesamtlänge von 10 (8) cm erreicht.

Nun die Spitze über 6 Rd arbeiten, dabei die 1. Abn-Rd noch in der HF str; dann zu Fb 1 wechseln und weitere 5 Rd für die Spitze arbeiten, dabei M abn wie folgt:

**1. und 3. Nd:** Die M der Nd bis auf 3 M str, dann die 2 M rechts zusammenstr, 1 M rechts.

**2. und 4. Nd:** Am Nd-Anfang 1 M rechts, dann 2 M rechts überzogen zusammenstr, die restlichen M der Nd str.

Den Arbeitsfaden etwa 20 cm lang abschneiden, mit einer Woll-Nd durch die verbleibenden 8 M führen und diese fest zusammenziehen. Den Faden nach innen ziehen und vernähen.

### FERTIGSTELLEN

Alle Fäden vernähen.

## STRICKSCHRIFT ZIERMUSTER

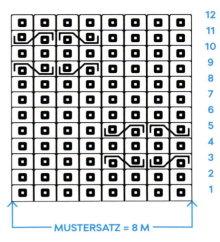

# Magnus

## MOLLIG WARME KUSCHELMASCHEN FÜR DIE KLEINEN

### Windelhöschen (Bloomers)

### GRÖSSE
74/80, 50/56, 62/68, 86/92

Für die Größe 74/80 stehen die Angaben vor der Klammer, für die Größen 50/56, 62/68, 86/92 stehen die Angaben in der Klammer, durch Schrägstriche getrennt. Steht nur eine Angabe, gilt diese für alle Größen.

Die Gesamtlänge wird immer vom Vorderteil aus gemessen.

### MATERIAL
- Sandnes Garn Alpakka Silke (70 % Baby-Alpaka, 30 % Maulbeerseide, LL 200 m/50 g) in Støvet Grønn (Fb 7741), 50 g
- Nadelspiel 2,5 mm
- Rundstricknadel 2,5 mm, 40 cm lang
- Hilfsnadel
- Maschenmarkierer

### MASCHENPROBE
Mit Nd 2,5 mm kraus rechts mit einem Zopfstreifen:
25 M und 52 R = 10 x 10 cm

### BÜNDCHENMUSTER
**2/2-Rippe in Rd:** * 2 M rechts, 2 M links str, ab * stets wdh.

### KRAUS RECHTS
**In Rd:**
**1. Rd:** Rechte M str (= Rechts-Rd).
**2. Rd:** Linke M str (= Links-Rd).
Die 1. und 2. Rd stets wdh.
**In R:** Stets rechte M str.

### ZOPFSTREIFEN
Über 10 M str. In allen Rd nach der Strickschrift str. Die 1.–16. Rd, wie in der Anleitung angegeben, wdh.

# ANLEITUNG

Das Höschen wird ohne Seitennähte vom oberen Rand beginnend in Rd gestrickt. Für ein höheres Rückenteil werden nach dem Bündchen verkürzte R über die M des Rückenteils gestrickt. Für den Schrittbereich werden zusätzlich Zwickel-M zugenommen und dann zusammengestrickt. Die Beinausschnitte werden separat beendet.

## MASCHENANSCHLAG UND -EINTEILUNG HÖSCHEN

Mit Nd-Spiel 2,5 mm 104 (88/96/116) M anschl und die M gleichmäßig auf 4 Nd verteilen = 26 (22/24/29) M je Nd.

Der Rd-Beginn liegt in der hinteren Mitte zwischen der 1. und 4. Nd.

10 Rd im Bündchenmuster str. Dann 10 Löcher für das Bindeband arbeiten wie folgt, auf Nd 1 beginnend: 1 M str, * 1 U, die nächsten 2 M dem Bündchenmuster gemäß zusammenstr **, 10 (8/9/10) M str, von * bis ** noch 9x wdh, dabei zwischen den U die folgende M-Zahlen arbeiten:

**Für Größe 74/80:** 3x 10 M, 1x 2 M, 4x 10 M, 1x 1 M.

**Für Größe 50/56:** 3x 8 M, 1x 2 M, 4x 8 M, 1x 1 M.

**Für Größe 62/68:** 3x 9 M, 1x 2 M, 4x 9 M, 1x 1 M.

**Für Größe 86/92:** 3x 12 M, 1x 2 M, 3x 12 M, 1x 10 M, 1x 1 M.

In der folgenden Rd die U dem Bündchenmuster gemäß str. Noch weitere 10 Rd str. Das Bündchen sollte jetzt 6 cm hoch sein.

Nun den Rd-Beginn von der hinteren Mitte an die Seite verlegen. Dazu die 1. Nd noch im Bündchenmuster str. Ab der folgenden Rd (= 1. Rd) mit der Rundstrick-Nd str und die „Seitennähte" mithilfe von zwei M-Markierern kennzeichnen, dabei zum Vorderteil beidseitig je 1 M vom Rückenteil geben: Vorderteil 54 (46/50/60) M, Rückenteil 50 (42/46/56) M.

Gleichzeitig die M für das Vorderteil wie folgt einteilen: 5 M kraus rechts, 10 M Zopfstreifen nach der Strickschrift, 24 (16/20/30) M kraus rechts, 10 M Zopfstreifen nach der Strickschrift, 5 M kraus rechts. Über die M des Rückenteils kraus rechts str.

**2. Rd:** In der Mustereinteilung str.

Nächste Rd: Die M des Vorderteils in der Mustereinteilung str, über die M des Rückenteils zwischen den M-Markierern in verkürzten R (siehe Seite 15) kraus rechts arbeiten:

Bis zu den letzten 20 M rechts str, wenden.

1 Doppel-M arbeiten, bis zu den letzten 17 M rechts str, wenden.

1 Doppel-M arbeiten, bis zu den letzten 13 M rechts str, wenden.

1 Doppel-M arbeiten, bis zu den letzten 9 M rechts str, wenden.

1 Doppel-M arbeiten, bis zu den letzten 5 M rechts str, wenden.

Anschließend wieder in Rd über alle M in der Mustereinteilung str. Dabei gleichzeitig für die Weite im Hüftbereich am Vorderteil nach bzw. vor dem Zopfstreifen beidseitig in jeder 10. (8./9./11.) Rd (= Links-Rd) 4x 1 M links verschr aus dem QF zun. Die Abstände von den „Seitennähten" (M-Markierer) zum Zopfstreifen bleiben also gleich; die M-Zahl zwischen den Zöpfen vergrößert sich in jeder Zun-Rd um 2 M.

In 13,5 (10,5/12/15) cm Gesamthöhe sind für das Vorderteil 62 (54/58/68) M und für das Rückenteil 50 (42/46/56) M vorhanden.

Weiter in Rd in der Mustereinteilung str bis zu einer Gesamthöhe von 17,5 (14,5/16/19) cm.

## ZWICKEL

Für den Zwickel in der folgenden Links-Rd am Vorderteil nach 31 (27/29/34) M und am Rückenteil nach 25 (21/23/28) M je 1 M links verschr aus dem QF zun und beidseits der zugenommenen M je einen M-Markierer setzen.

Diese Zun in der nächsten Links-Rd beidseits der ersten zugenommenen M an Vorder- und Rückenteil wdh (= je 3 M Zwickelbreite).

Die beidseitige Zun noch 4x in jeder Links-Rd wdh (= je 11 M/4,5 cm Zwickelbreite).

In der nächsten Links-Rd bis zu den Zwickel-M str, den Arbeitsfaden abschneiden und die Zwickel-M auf eine Hilfs-Nd heben.

Den Arbeitsfaden an den noch nicht gestrickten M des Vorderteils neu ansetzen und bis zu den Zwickel-M des Rückenteils weiterstr. Diese wieder auf eine Hilfs-Nd heben.

Nun die Arbeit auf links wenden und die Zwickel-M zusammenstr.

Es ist nun eine Gesamthöhe von 19,5 (16,5/18/21) cm erreicht und das Strickstück in den rechten und linken Beinausschnitt eingeteilt.

Rechter Beinausschnitt: Am hinteren Bein an der Beininnenseite den Faden neu ansetzen, mit Nd-Spiel 2,5 mm die Links-Rd beenden und wie folgt weiterarbeiten:

**1. Rd:** Ab der folgenden Nd (1. Nd) weiter im Bündchenmuster str, dabei auf der 2. Nd weitere 3 M in der Zwickellücke zun. Dafür aus der Zwickellücke 3 M auffassen und diese rechts abstr.

**2. Rd:** Alle M im Bündchenmuster str.

**3.–5. Rd:** Alle M im Bündchenmuster str, dabei in jeder Rd je 1 M der Zwickellücke wieder abn.

**6.–10. Rd:** Alle M im Bündchenmuster str.

In 3 cm Bündchenhöhe alle M elastisch abk (siehe Seite 17). Es ist eine Gesamthöhe von 22,5 (19,5/21/24) cm erreicht.

Den linken Beinausschnitt gegengleich arbeiten.

### KORDEL (I-CORD)

Mit 2 Nd des Nd-Spiels 3 M anschl, * 3 M rechts str, die Arbeit nicht wenden, sondern die M an das andere Ende der Nd schieben. Den Faden hinter der Arbeit an den Nd-Anfang holen und wieder 3 M rechts str. Ab * wdh, bis die Kordel eine Länge von 95 (85/90/100) cm hat. Die M abk.

### FERTIGSTELLEN

Alle Fäden sauber vernähen. Die Kordel durch die Löcher im Hosenbündchen ziehen.

## STRICKSCHRIFT ZOPFSTREIFEN

## BLOOMERS

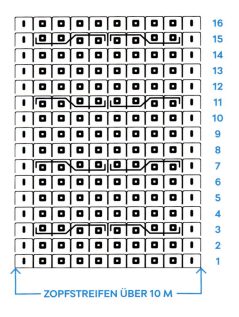

ZOPFSTREIFEN ÜBER 10 M

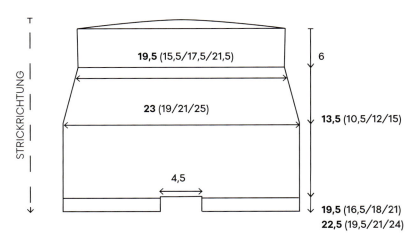

# Handschuhe

## GRÖSSE
1–2 Jahre (0–1 Jahr)

Für die Größe 1–2 Jahre stehen die Angaben vor der Klammer, für die Größe 0–1 Jahr stehen die Angaben in der Klammer. Steht nur eine Angabe, gilt sie für beide Größen.

## MATERIAL
- ♥ Sandnes Garn Alpakka Silke (70% Baby-Alpaka, 30% Maulbeerseide, LL 200 m/50 g) in Lys Gråmelert (Fb 1042), 25 g
- ♥ Nadelspiel 2,5 mm
- ♥ Maschenmarkierer
- ♥ Sicherheitsnadel

## MASCHENPROBE
Mit Nd 2,5 mm kraus rechts: 20 M und 52 R = 10 x 10 cm

## BÜNDCHENMUSTER
**2/2-Rippe in Rd:** * 2 M rechts, 2 M links str, ab * stets wdh.

## KRAUS RECHTS
**In Rd:**
**1. Rd:** Rechte M str (= Rechts-Rd).
**2. Rd:** Linke M str (= Links-Rd).

Die 1. und 2. Rd stets wdh.

## ANLEITUNG
Sie können die Handschuhe mit oder ohne Daumen str. Wenn Sie den Daumen nicht mitstricken möchten, dann überspringen Sie einfach diesen Teil der Beschreibung und arbeiten vom Bündchen bis zur Spitze alle M in Rd.

### RECHTER HANDSCHUH
28 M anschl, die M gleichmäßig auf 4 Nd verteilen und die Arbeit zur Rd schließen. Den Rd-Beginn mit einem M-Markierer kennzeichnen.

24 Rd (= 6 cm) im Bündchenmuster str.

Ab der folgenden Rd kraus rechts str.

Nach 8 Rd für den Daumen in der folgenden Links-Rd auf der 1. Nd 2 M str, dann 6 M auf einer Sicherheits-Nd stilllegen. In der nächsten Rd auf der 1. Nd 6 M neu anschl, die Rd beenden.

Weiter kraus rechts in Rd bis zu einer Gesamthöhe von 13 (12) cm str; die M auf der Sicherheits-Nd sind weiter stillgelegt.

Nun für die Spitze 5 Rd str, in jeder Rd wie folgt abn:

**1. und 3. Nd:** Die M der Nd bis auf 3 M mustergemäß str, dann die 2 M mustergemäß zusammenstr, 1 M mustergemäß str.

**2. und 4. Nd:** 1 M mustergemäß str, dann mustergemäß 2 M überzogen zusammenstr, die restlichen M der Nd mustergemäß str.

Den Arbeitsfaden etwa 20 cm lang abschneiden, mit einer Woll-Nd durch die verbleibenden 8 M führen und diese fest zusammenziehen. Den Faden nach innen ziehen und vernähen.

### DAUMEN
Den Daumen mit 3 Spiel-Nd in Rd kraus rechts str. Dafür die stillgelegten M auf die 1. Nd nehmen, neu ansetzen und rechte M str (= 6 M). Nun mit 2 Nd jeweils 4 M aus dem Daumenschlitz auffassen und die Rd beenden (= 14 M).

In der folgenden Rd die 1. und 2. M der 2. Nd und die vorletzte und letzte M der 3. Nd jeweils links zusammenstr (= 12 M).

Weiter kraus in Rd bis zu einer Daumenhöhe von 3,5 cm str.

Für die Daumenspitze weiter kraus rechts arbeiten, dabei wie folgt abn:

**1. Rd:**
**1. Nd:** Die 1. und 2. M und die vorletzte und letzte M links zusammenstr.
**2. Nd:** 1. und 2. M links zusammenstr.
**3. Nd:** Die vorletzte und letzte M links zusammenstr (= 8 M).
**2. Rd:**
**1. Nd:** Wie in der 1. Rd str.
**2. und 3. Nd:** Alle M mustergemäß str.

## LINKER HANDSCHUH

Ebenso str, jedoch den Daumen über die 1.–6. M der 2. Nd arbeiten.

## KORDEL (I-CORD)

Mit 2 Nd des Nd-Spiels 3 M anschl, * 3 M rechts str, die Arbeit nicht wenden, sondern die M an das andere Ende der Nd schieben. Den Faden hinter der Arbeit an den Nd-Anfang holen und wieder 3 M rechts str. Ab * wdh, bis die Kordel eine Länge von 55 (50) cm hat. Die M abk.

## FERTIGSTELLEN

Die Kordelenden jeweils am äußeren Bündchenrand der Handschuhe annähen.

Alle Fäden sauber vernähen.

## Tipp

Beim Stricken von kleinen Rd entsteht zwischen den Nd keine sichtbare Maschendehnung, wenn man die jeweils letzte M einer Nd und die 1. M der folgenden Nd immer wieder versetzt abstrickt; also in einer Rd die letzte M der 1. Nd als 1. M der folgenden Nd abstrickt und andersherum.

# Beinstulpen

## GRÖSSE
Einheitsgröße
Länge: 23 cm, Breite: 5,5 cm (ungedehnt)

## MATERIAL
♥ Sandnes Garn Alpakka Silke (70 % Baby-Alpaka, 30 % Maulbeerseide, LL 200 m/50 g) in Lys Gråmelert (Fb 1042), 50 g

♥ Nadelspiel 2,5 mm

♥ Maschenmarkierer

## MASCHENPROBE
Mit Nd 2,5 mm im Rippenmuster: 24 M und 52 R = 10 x 10 cm

## RIPPENMUSTER
**2/2-Rippe in Rd:** * 2 M rechts, 2 M links str, ab * stets wdh.

## ANLEITUNG

### BEINSTULPEN (2x)

56 M anschl, die M gleichmäßig auf 4 Nd verteilen (= 14 M je Nd) und die Arbeit zur Rd schließen. Den Rd-Beginn mit einem M-Markierer kennzeichnen. In Rd im Bündchenmuster str, bis zu einer Höhe von 22 cm. Dann die M elastisch abk. Dafür die ersten beiden M zusammen abk, * die folgende M rechts str und diese dann mit der vorhergehenden abgeketteten M zusammen abk, ab * wdh, bis alle M abgekettet sind.

### FERTIGSTELLEN

Alle Fäden sauber vernähen.

# Freya

FRÖHLICHE RINGEL FÜR KLEINE ENTDECKERINNEN

## Kleidchen

### GRÖSSE

74/80, 50/56, 62/68, 86/92

Für die Größe 74/80 stehen die Angaben vor der Klammer, für die Größen 50/56, 62/68, 86/92 stehen die Angaben in der Klammer, durch Schrägstriche getrennt. Steht nur eine Angabe, gilt diese für alle Größen.

### MATERIAL

♥ Sandnes Garn Duo (55 % Merinowolle, 45 % Baumwolle, LL 124 m/50 g) in Rød (Fb 4219), 100 g, und in Maisgul (Fb 2015) und Lilla (Fb 5042), je 50 g

♥ Nadelspiel 2,5 mm

♥ Rundstricknadel 2,5 mm, 40 cm lang

♥ Maschenmarkierer

♥ 2 Knöpfe, Ø 18 mm

### MASCHENPROBE

Mit Nd 2,5 mm im Ringelmuster:
24 M und 40 R = 10 x 10 cm

### FARBAUFTEILUNG

**HF:** Rød
**Fb 1:** Maisgul
**Fb 2:** Lilla

### BÜNDCHENMUSTER

**1/1-Rippe in Rd:**
* 1 M rechts, 1 M links str, ab * stets wdh.

**1/1-Rippe in R:**
**1. R (Hin-R):** Rand-M, * 1 M rechts, 1 M links str, ab * stets wdh, Rand-M.
**2. R (Rück-R):** Zwischen den Rand-M die M str, wie sie erscheinen.

### RINGELMUSTER

**1. Rd:** Alle M rechts str.
**2. Rd:** Alle M links str.
**3. Rd:** Wie die 1. Rd str.
**4. Rd:** Alle M rechts str, dabei an den 4 Raglan-M beidseitig Zun arbeiten (siehe Seite 98)
**5. Rd:** Wie die 1. Rd str.
Die 1.–5. Rd in folgender Fb-Folge wdh: * Fb 1, Fb 2, HF, ab * wdh.

### KRAUS RECHTS

**1. Rd:** Rechte M str (= Rechts-Rd).
**2. Rd:** Linke M str (= Links-Rd).
Die 1. und 2. Rd stets wdh.

### Tipp

Beim Arbeiten des Ringelmusters alle Fäden auf der Innenseite mitführen. Damit die Verkreuzungsstelle nicht so dick wird, immer abwechselnd nur einen stillgelegten Faden mit dem Arbeitsfaden verkreuzen. Beim Fb-Wechsel in einer Rd die Fäden fest anziehen, damit man die stillgelegten Fb nicht auf der Vorderseite sieht.

## RAGLANSCHRÄGUNGEN VON OBEN NACH UNTEN

Die beidseitige Raglan-Zun von je 1 M erfolgt direkt vor und hinter den 4 Raglan-M: Bis vor die Raglan-M str, dann den QF mit der linken Nd anheben und mit der rechten Nd unter dem vorderen M-Schenkel einstechen, den Faden holen und durchziehen; die Raglan-M rechts abstr; dann den QF mit der linken Nd anheben und mit der rechten Nd unter dem hinteren M-Schenkel einstechen, den Faden holen und durchziehen.

## RANDMASCHEN TRÄGER

**Kettrand:** * Am R-Anfang den Faden vor die Arbeit legen und die Rand-M wie zum Linksstr abh. Dann die R mustergemäß str und am R-Ende die Rand-M rechts str. Die Arbeit wenden und ab * wdh.

## ANLEITUNG

Das Kleidchen wird vom Bund nach unten zur Saumlinie in Rd gearbeitet. Die Träger werden danach angestrickt. Für die Röckchenweite wird beidseitig der 4 Raglan-M je 1 M zugenommen = 8 M in einer Zun-Rd.

### MASCHENANSCHLAG KLEIDCHEN

108 (84/96/120) M in der HF mit dem Nd-Spiel 2,5 mm anschl und die Arbeit zur Rd schließen. Den Rd-Beginn mit einem M-Markierer kennzeichnen.

Im Bündchenmuster 11 (9/10/12) cm str. Nun zu Fb 1 wechseln und die 1. Rd im Ringelmuster str und dabei M-Markierer setzen wie folgt: * 26 (20/23/29) M rechts str, M-Markierer setzen, 1 M rechts str (= Raglan-M), M-Markierer setzen, ab * 3x wdh.

Die Raglan-Zun erfolgen jeweils vor und nach der markierten Raglan-M. Weiter im Muster str und die Zun entsprechend arbeiten. Nach 27 (23/25/29) cm Gesamthöhe (enden mit Fb 2) den Saum wie folgt in der HF arbeiten:

**1.–4. Rd:** Kraus rechts str, dabei mit 1 Rechts-Rd beginnen.

**5. Rd (Rechts-Rd):** * 5 M rechts, die nächsten 2 M rechts zusammenstr, ab * stets wdh bis Rd-Ende.

Das Kleid hat nun eine Gesamthöhe von 29 (25/27/31) cm. Alle M auf der Vorderseite abk.

## TRÄGER (2x)

In Fb 1 auf der Rückseite mit einem Abstand von 3 (2/2,5/3,5) cm zum Rand auf der Bündchenkante anstr. Dafür mit dem Nd-Spiel 2,5 mm von vorn 6 M auffassen, dabei darauf achten, dass jede Träger-M aus 1 Bündchen-M herausgestrickt wird. Wie folgt str, dabei die Rand-M als Kettrand arbeiten:

**Rück-R:** Rand-M, 1 M links, 1 M rechts, 1 M links, 1 M rechts, 1 M links, Rand-M.

**Hin-R:** Rand-M, die M str, wie sie erscheinen, Rand-M. Auf diese Weise bis zu einer Höhe von 24 (20/22/26) cm str, dann in einer Hin-R je 1 Knopfloch arbeiten wie folgt: Rand-M, 1 M rechts, 1 M links, 1 U, 2 M links zusammenstr, 1 M rechts, Rand-M. Den U in der Rück-R mustergemäß links abstr. Nach der Rück-R noch weitere 6 R str, dann alle M auf der Vorderseite fest abk.

## FERTIGSTELLEN

Alle Fäden sauber vernähen. Den unteren Rocksaum vorsichtig unter Tüchern dämpfen. Die Knöpfe ca. 1,5 cm vom oberen Rand entfernt aufnähen.

## KLEIDCHEN

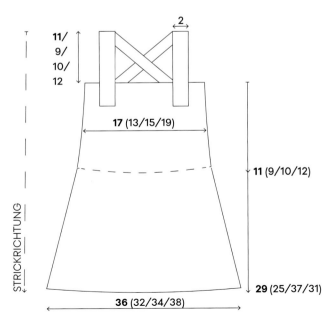

# Dreieckstuch

## GRÖSSE
Einheitsgröße
Länge: 78 cm, Breite: 15 cm

## MATERIAL
♡ Sandnes Garn Duo 55 % Merinowolle, 45 % Baumwolle, LL 124 m/50 g in Rød (Fb 4219), 100 g, in Maisgul (Fb 2015) und Lilla (Fb 5042), je 50 g

♡ Rundstricknadel 2,5 mm, mind. 40 cm lang

## MASCHENPROBE
Mit Nd 2,5 mm im Ringelmuster: 24 M und 34 R = 10 x 10 cm

## FARBAUFTEILUNG
**HF:** Rød
**Fb 1:** Maisgul
**Fb 2:** Lilla

## RANDMASCHEN
**Kettrand:** * Am R-Anfang den Faden vor die Arbeit legen und die Rand-M wie zum Linksstr abh. Dann die R mustergemäß str und am R-Ende die Rand-M rechts str. Die Arbeit wenden und ab * wdh.

## I-CORD AN DER LINKEN SEITE ANSTRICKEN
Die äußeren 3 M des linken Randes werden als I-Cord mit hochgeführt. Dafür jeweils * in der Hin-R: bis vor die 3 I-Cord-M str, die Arbeit wenden. Rück-R: Den Faden an den R-Anfang holen, dabei liegt der Faden vor der Arbeit. Die 3 I-Cord-M links str. Beim Fb-Wechsel die Fäden auf der Rückseite verkreuzen. Die R beenden. Die Arbeit wenden. Ab * stets wdh.

## GLATT RECHTS
In Hin-R alle M rechts str, in Rück-R alle M links str.

## FARBVERTEILUNG
Bis 11 cm Gesamthöhe: glatt rechts in Fb 1; I-Cord in Fb 1

Bis 25 cm Gesamthöhe: glatt rechts in Fb 2; I-Cord in Fb 1

Bis 40 cm Gesamthöhe: glatt rechts in Fb 2; I-Cord in der HF

Bis 50 cm Gesamthöhe: glatt rechts in der HF; I-Cord in der HF

Bis 68 cm Gesamthöhe: glatt rechts in der HF; I-Cord in Fb 1

Bis 78 cm Gesamthöhe: glatt rechts in der HF; I-Cord in der HF

## ZUNAHME AM RECHTEN RAND
Rand-M, 1 M rechts, aus der nächsten M 2 M herausstr (= 1 M rechts, 1 M rechts verschränkt).

## ABNAHME AM RECHTEN RAND
Rand-M, 1 M rechts, 2 M rechts überzogen zusammenstr (= 1 M abh, 1 M rechts str, dann die abgehobene M überziehen).

## ANLEITUNG

Das Tuch wird in der Längsrichtung gestrickt. Dafür werden wenige M aufgenommen, die äußeren 3 M der linken Seite werden als I-Cord mit hochgeführt. Auf der rechten Seite wird für die Breite des Tuches gleichmäßig zugenommen. Nach Erreichen der gewünschten Breite wird die gleiche M-Zahl dann gleichmäßig wieder abgenommen.

### MASCHENANSCHLAG TUCH

6 M in Fb 1 mit dem Nd-Spiel 2,5 mm anschl und in R glatt rechts in der oben angegebenen Fb-Verteilung str, dabei am linken Rand der Beschreibung für „I-Cord an der linken Seite anstricken" folgen und am rechten Rand in jeder 4. Hin-R 35x 1 M zun = 38 M. Anschließend (in einer Höhe von ca. 39 cm) am rechten Rand in jeder 4. Hin-R 35x 1 M abn = 6 M. Es ist eine Höhe von ca. 78 cm erreicht. Die verbleibenden 6 M sauber auf der Vorderseite abk.

### FERTIGSTELLEN

Alle Fäden sauber vernähen. Das Tuch unter feuchten Tüchern spannen.

# Michel

## WÄRMENDER STRUKTURSTRICK FÜR KLEINE JUNGEN

### Kapuzenjacke

## GRÖSSE

74/80, 50/56, 62/68, 86/92

Die Angaben für die Größe 74/80 stehen vor der Klammer, für die Größen 50/56, 62/68, 86/92 stehen die Angaben in der Klammer, durch Schrägstriche getrennt. Steht nur eine Angabe, gilt diese für alle Größen.

## MATERIAL

♡ Lana Grossa Cool Wool Big (100 % Schurwolle, extrafeine Merinowolle, LL 120 m/50 g) in Silbergrau (Fb 951), 300 g, und in Kobaltblau (Fb 902), 50 g

♡ Rundstricknadel 3,0 mm, 80 cm lang

♡ 5 Knöpfe, Ø 20 mm

## MASCHENPROBE

Mit Nd 3,0 mm im Grundmuster: 22 M und 40 R = 10 x 10 cm

## FARBAUFTEILUNG

**HF:** Silbergrau
**Fb 1:** Kobaltblau

## RANDMASCHEN

**Kettrand:** * Am R-Anfang den Faden vor die Arbeit legen und die Rand-M wie zum Linksstr abh. Dann die R mustergemäß str und am R-Ende die Rand-M rechts str. Die Arbeit wenden und ab * wdh.

## I-CORD ÜBER 2 MASCHEN AN DEN SEITEN ANSTRICKEN

Am linken Rand jeweils * in der Hin-R bis vor die letzten 2 M (I-Cord-M) str, M auf die rechte Nd heben und die Arbeit wenden. In der Rück-R den Faden an den R-Anfang holen, dabei liegt der Faden vor der Arbeit. Die 2 M (I-Cord-M) links str. R beenden. Arbeit wenden. Ab * stets wdh.

Am rechten Rand jeweils * in der Rück-R bis vor die letzten 2 M (I-Cord-M) str, M auf die rechte Nd heben und Arbeit wenden. In der Hin-R den Faden an den R-Anfang holen, dabei liegt der Faden hinter der Arbeit. Die 2 M (I-Cord-M) rechts str. R beenden. Arbeit wenden. Ab * stets wdh.

## GLATT LINKS

**In R:** In Hin-R alle M links str, in Rück-R alle M rechts str.

## BÜNDCHENMUSTER

**1/1-Rippe in R:** * 1 M rechts, 1 M links str, ab * stets wdh.

## KRAUS LINKS

**In R:** Stets linke M str.

## KRAUS RECHTS

**In R:** Stets rechte M str.

## GRUNDMUSTER

**1. R (Hin-R):** Rechte M str.
**2. R (Rück-R):** * 1 M mit 1 U links abh, 1 M rechts str, ab * stets wdh.
**3. R (Hin-R):** * Die abgehobene M mit dem U rechts zusammenstr, 1 M mit 1 U links abh, ab * stets wdh.
**4. R (Rück-R):** * 1 M links, die abgehobene M mit dem U rechts zusammenstr, ab * stets wdh.

Die 1.–4. R (= 1 Musterrapport) stets wdh.

## ELASTISCH ABKETTEN

Rand-M, * 1 M str, wie sie erscheint, die vorhergehende M darüberziehen, stets ab * wdh (siehe auch Seite 17).

# ANLEITUNG

Die Jacke wird in einem Stück am linken Ärmel beginnend bis zur unteren Kante des rechten Ärmels gestrickt. Für einen stabilen Rand wird an die Abschlusskanten der Vorderteile und des Rückenteils sowie an die vordere Kapuzenkante jeweils ein I-Cord von 2 M angestrickt.

Für die Breite von Vorder- und Rückenteil werden am linken Ärmel M dazu angeschlagen (siehe Seite 10) und diese bis zum Halsausschnitt hochgeführt. Beim Halsausschnitt wird die Arbeit geteilt, das linke Vorderteil wird getrennt beendet, für das rechte Vorderteil wird neu angeschlagen und am rechtem Halsausschnitt mit dem Rückenteil verbunden. Die Arbeit wird am Saum des rechten Ärmels beendet. Die Kapuze wird separat gestrickt und angenäht. Sie wird am linken unteren Halsausschnitt begonnen und über den ganzen Kopf bis zum rechten Halsausschnitt gestrickt.

## MASCHENANSCHLAG UND -EINTEILUNG BODY MIT ÄRMELN

**Linker Ärmel:** 41 (37/39/43) M mit Fb 1 anschl und im Bündchenmuster str. Nach 1 R in Fb 1 zur HF wechseln und weitere 5 R str. Nun weiter in der HF im Grundmuster str. Die rechte M des Grundmusters wird über der rechten M des Bündchenmusters gestrickt.

Für die Ärmelschrägung beidseitig M zun, dafür nach bzw. vor der Rand-M jeweils 1 M rechts verschr aus dem QF herausstr. Dabei die zugenommenen M in das Grundmuster einfügen. Stets mit der 4. R (Rück-R) des Musterrapports enden.

Die Zun wie folgt ausführen:

In jeder 12. (14/12/12) R 6x (4x/5x/7x) 1 M zun und weitere 4 (4/8/–) R str.

In einer Gesamthöhe von 20,5 (14,5/17,5/23,5) cm sind 53 (45/49/57) M vorhanden.

Für das Rückenteil nun 50 (42/46/54) M dazu anschl. Gleichzeitig auf der anderen Seite der Rundstrick-Nd mit einem neuen Faden in der HF (ca. 80 cm lang) für das linke Vorderteil weitere 50 (42/46/54) M dazu anschl = 153 (129/141/165) M insgesamt bzw. 70 (58/64/76) cm Gesamtbreite.

**Body (linkes Vorderteil und Rückenteil):** Arbeit wenden. Die folgende Hin-R wie folgt str: 3 M rechts, 147 (123/135/159) M im Grundmuster (1. R), 3 M rechts. Arbeit wenden. Die Rück-R str wie folgt: 2 M links, 1 M rechts, 147 (123/135/159) M im Grundmuster (2. R), 1 M rechts, 2 M als I-Cord arbeiten. Arbeit wenden.

In folgender Einteilung weiterarbeiten: 2 M I-Cord, 1 M links, 147 (123/135/159) M Grundmuster, 1 M links, 2 M I-Cord.

Insgesamt 10 (8/9/11) Musterrapporte str.

In 30,5 (22,5/26,5/34,5) cm Gesamthöhe die Arbeit für den Halsausschnitt teilen und für Rückenteil und Vorderteile getrennt weiterarbeiten.

**Rückenteil:** Im Folgenden am Halsausschnitt den Kettrand und am Saum weiter 2 M I-Cord und 1 M links arbeiten. Für das Rückenteil in der Hin-R 77 (65/71/83) M str und die Arbeit wenden. Die restlichen 76 (64/70/82) M für das linke Vorderteil stilllegen. Für den hinteren Halsausschnitt in der 1. R 1x 1 M, in jeder 2. R 1x 1 M abk = 75 (63/69/81) M. Nach insgesamt 21 (17/19/23) Musterrapporten = 21 (17/19/23) cm Gesamthöhe ab Seitennaht wieder in jeder 2. R 2x 1 M am Halsausschnittrand zun = 77 (65/71/83) M. Nun die M des Rückenteils stilllegen.

**Linkes Vorderteil:** Im Folgenden am Halsausschnitt den Kettrand und am Saum weiter 2 M I-Cord und 1 M links arbeiten. Über die stillgelegten 76 (64/70/82) M nun wieder im Grundmuster weiterstr. Für den vorderen Halsausschnitt in der 1. R 1x 3 M, in jeder 2. R 1x 1 M, in jeder 4. R. 3x 1 M abk = 69 (57/63/75) M.

Insgesamt 5 (4/4/5) Musterrapporte arbeiten, dann noch 1 R (Hin-R) rechte M str. Arbeit wenden.

Für den Zierstreifen zu Fb 1 wechseln und 5 R kraus links str.

Für die Blende zur HF wechseln und im Bündchenmuster str, dabei in der 1. R (Hin-R) jeweils 2 M am R-Beginn und R-Ende wie folgt zun:

Rand-M, 1 M rechts, * 1 M links, 1 M rechts verschr aus dem QF herausstr, ab * 1x wdh., dann die R mit 1 M links weiter im Bündchenmuster str bis 4 M vor R-Ende, ** 1 M rechts verschr aus dem QF herausstr, 1 M links, ab ** 1x wdh, 1 M rechts, Rand-M.

Nach den Zun sind 73 (61/67/79) M vorhanden.

Noch weitere 7 R im Bündchenmuster str. Faden trennen und den Faden am R-Anfang neu ansetzen. Auf der Vorderseite alle M elastisch abk. Gesamtlänge von Ärmelanschlag bis vordere Kante 38,5 (29,5/33,5/42,5) cm.

**Rechtes Vorderteil:** Für die Blende mit Knopflöchern mit Nd-Spiel 3,0 mm und der HF 73 (61/67/79) M anschl und 7 R im Bündchenmuster str, dabei die Rand-M als Kettrand arbeiten und in der 3. R (Hin- R) 5 Knopflöcher einarbeiten wie folgt:

Rand-M, 4 (4/5/5) M Bündchenmuster, * 3 M abk, 12 (9/10/13) M Bündchenmuster, ab * noch 3x wdh, dann 3 M abk, 4 (4/5/5) M Bündchenmuster, Rand-M.

In der folgenden R (Rück- R) für die abgeketteten M jeweils wieder 3 neue M anschl (siehe Seite 10).

Für den Zierstreifen zu Fb 1 wechseln und in der 1. R (Rück- R) jeweils 2 M am R-Beginn und R-Ende abn:

Rand-M, 1 M rechts, 2x 2 M rechts zusammenstr, kraus rechts str bis 6 M vor R-Ende, 2x 2 M rechts überzogen zusammenstr, 1 M rechts, Rand-M.

Noch 4 R kraus rechts str, mit einer Rück-R enden.

Für das Vorderteil zur HF wechseln. Weiter im Grundmuster str, mit der 1. R (Hin-R) des Musterrapports beginnen. Im Folgenden am Halsausschnitt den Kettrand und am Saum 2 M I-Cord und 1 M links arbeiten. Den vorderen Halsausschnitt gegengleich zum Halsausschnitt des linken Vorderteils arbeiten: Zunächst 2 (1/1/2) Musterrapporte str. Dann am Ende der 2. R (Rück-R) des 3. Musterrapports 3 M dazu anschl und in der 1. R (Hin-R) des 4. Musterrapports nach der Rand-M 1 M rechts verschr aus dem QF zun.

Sind ab Beginn Vorderteil insgesamt 5 (4/4/5) Musterrapporte gearbeitet, den Halsausschnitt beenden und Vorderteile und Rückenteil wieder auf eine Nd nehmen = 153 (129/141/165) M. Die M treffen mustergemäß aneinander. Nun weiter im Grundmuster über alle M str, dazu noch 10 (8/9/11) Musterrapporte str.

Rechter Ärmel: In der folgenden Hin-R jeweils die äußeren 50 (42/46/54) M für Vorder- und Rückenteil abk. Es bleiben 53 (45/49/57) M.

Sind 1 (1/2/-) Musterrapporte gestrickt, im Grundmuster weiterarbeiten, dabei beidseitig nach bzw. vor der Rand-M 2 M zusammenstr. Die beidseitigen Abn in jeder 12. (14./12./12.) R noch 5x (3x/4x/6x) wdh = 41 (37/39/43) M.

Noch 3 Musterrapporte ohne Abn str, dann für das Bündchen im Bündchenmuster 5 R in der HF und 1 R in Fb 1 str. Alle M elastisch abk.


## KAPUZE

Mit Nd-Spiel 3,0 mm und HF 38 (34/36/40) M anschl und die M einteilen wie folgt:

**1. R:** 2 M links, 33 (29/31/35) M im Bündchenmuster, 1 M links, 2 M I-Cord.

Weitere 7 R in dieser Aufteilung im Bündchenmuster str. Die Ränder – 2 M links sowie die 1 M links, 2 M I-Cord – über die gesamte Länge des Kapuzenteils str, für die mittleren M nun zum Grundmuster wechseln. 1 Musterrapport str. Die Kapuze ist nun 17 (15/16/17) cm breit.

Nun für die Kapuzenbreite mit den Zun beginnen: In der folgenden R (1. Hin-R des Musterrapports) nach der 19. M (rechte M) 2 M rechts aus dem QF zun (= 1 M rechts von vorn, 1 M rechts verschr von hinten aus dem gleichen QF herausstr). Diese Zun 5x in der 1. R (Hin-R) jedes 2. Musterrapports (= in jeder 9. R) wdh = 50 (46/48/52) M.

Weitere 9 (3/6/12) Musterrapporte ohne Zun str, dann ist eine Gesamthöhe von 22 (16/19/25) cm erreicht.

Für die Kapuzenspitze auf der rechten Seite (hintere Mitte) 6 M abk. Weitere 4 Musterrapporte str, dann auf der rechten Seite wieder 6 M dazu anschl.

Weitere 9 (3/6/12) Musterrapporte str. Dann mit den Abn beginnen: In der folgenden R (1. Hin-R des Musterrapports) nach der 19. M (rechte M) die nächsten 3 M links zusammenstr. Diese Abn 5x in der 1. R (Hin-R) jedes 2. Musterrapports (= in jeder 9. R) wdh = 38 (34/36/40) M. Noch 1 Musterrapport arbeiten, in der folgenden R (Hin-R) rechte M str. dann 7 R im Bündchenmuster arbeiten. Die M elastisch abketten.

### FERTIGSTELLUNG

Alle Fäden sauber vernähen. Die Seitennähte schließen und die Kapuze in der hinteren Mitte zusammennähen. Dann die Kapuze flach zusammenlegen, sodass die hintere Mitte = Naht mittig liegt. Die an der Kapuzenspitze entstandene Quernaht, die durch die abgeketteten und wieder angeschlagenen M entstanden ist, zusammennähen. An die vordere linke Blende 5 Knöpfe annähen. Diese Jacke wächst mit: Zu Beginn können die Ärmelbündchen umgeschlagen werden.

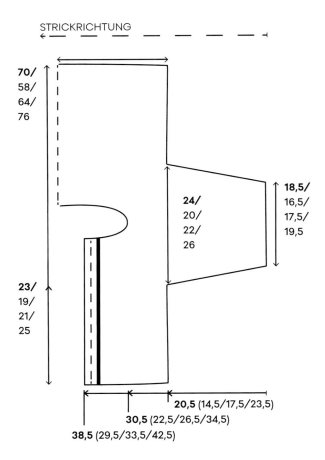

½ JACKE

½ KAPUZE

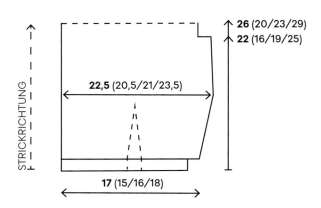

• 106 •

# Handschuhe

## GRÖSSE
1–2 Jahre (0–1 Jahr)

Der fertige Handschuh mit Bündchen ist 14 (12) cm hoch und 7 cm breit, der Daumen ist 3,5 cm hoch.

Für die Größe 1–2 Jahre stehen die Angaben vor der Klammer, für die Größe 0–1 Jahr stehen die Angaben in der Klammer. Steht nur eine Angabe, gilt sie für beide Größen.

## MATERIAL
- Lana Grossa Cool Wool Big (100 % Schurwolle, extrafeine Merinowolle, LL 120 m/50 g) in Kobaltblau (Fb 902) und Silbergrau (Fb 951), je 50 g
- Nadelspiel 3,0 mm
- Maschenmarkierer
- Sicherheitsnadel

## MASCHENPROBE
Mit Nd 3,0 mm im Grundmuster:
22 M und 40 R = 10 x 10 cm

## FARBAUFTEILUNG
**HF:** Silbergrau
**Fb 1:** Kobaltblau

## BÜNDCHENMUSTER
**1/1-Rippe in Rd:** * 1 M rechts, 1 M links str, ab * stets wdh

## GLATT RECHTS
**In Rd:** Stets rechte M str.

## GRUNDMUSTER
**1. Rd:** Rechte M str.
**2. Rd:** * 1 M mit 1 U links abh, 1 M links str, ab * stets wdh.
**3. Rd:** * Die abgehobene M mit dem U rechts zusammenstr, 1 M mit 1 U links abh, ab * stets wdh.
**4. Rd:** * 1 M rechts, die abgehobene M mit dem U links zusammenstr, ab * stets wdh.
Die 1.–4. Rd (= 1 Musterrapport) stets wdh.

# ANLEITUNG

Sie können die Handschuhe mit oder ohne Daumen str. Wenn Sie den Daumen nicht mitstricken möchten, überspringen Sie einfach diesen Teil der Beschreibung und arbeiten vom Bündchen bis zur Spitze alle M in Rd.

## RECHTER HANDSCHUH

Mit dem Nd-Spiel 3,0 mm 28 M in der HF anschl, die M gleichmäßig auf 4 Nd verteilen und die Arbeit zur Rd schließen. Den Rd-Beginn mit einem M-Markierer kennzeichnen. 20 Rd (= 6 cm) im Bündchenmuster str.

Ab der folgenden Rd im Grundmuster arbeiten. 4 (3) Musterrapporte in der HF arbeiten, dabei für den Daumen in der 1. Rd des 3. Musterrapports (rechte M) für den Daumenschlitz auf der 1. Nd 1 M str, dann 6 M auf einer Sicherheits-Nd stilllegen. Auf der 1. Nd 6 M neu anschl, die Rd beenden und weiter die Musterrapporte in der HF str.

Dann zu Fb 1 wechseln und weitere 4 (3) Musterrapporte str. Anschließend für die Spitze über 5 Rd im Bündchenmuster str (dafür in der 1. Rd jeweils rechte M über den rechten M des Grundmusters und linke M über den linken M des Grundmusters str). Dabei in jeder Rd wie folgt abn:

**1. und 3. Nd**: Die 1. und 2. M rechts überzogen zusammenstr, die restlichen M bis Nd-Ende im Bündchenmuster str.
**2. und 4. Nd**: Im Bündchenmuster bis 2 M vor Nd-Ende str, 2 M rechts zusammenstr.

Den Arbeitsfaden etwa 20 cm lang abschneiden, mit einer Woll-Nd durch die verbleibenden 8 M führen und diese fest zusammenziehen. Den Faden nach innen ziehen und vernähen.

## DAUMEN

Den Daumen mit 3 Spiel-Nd in Rd glatt rechts str. Dafür die stillgelegten M auf die 1. Nd nehmen, in der HF neu ansetzen und rechte M str (= 6 M). Nun mit 2 Nd jeweils 4 M aus dem Daumenschlitz auffassen und die Rd beenden (= 14 M). In der folgenden Rd die 1. und 2. M der 2. Nd rechts überzogen zusammenstr und die vorletzte und letzte M auf der 3. Nd rechts zusammenstr (= 12 M).

Weiter glatt rechts in Rd bis zu einer Daumenhöhe von 3,5 cm str.

Für die Daumenspitze weiter glatt rechts arbeiten, dabei wie folgt abn:

**1. Rd:**
**1. Nd**: Die 1. und 2. M rechts überzogen zusammenstr und die vorletzte und letzte M rechts zusammenstr.
**2. Nd**: 1. und 2. M rechts überzogen zusammenstr.
**3. Nd**: Die vorletzte und letzte M rechts zusammenstr (= 8 M)

**2. Rd:**
**1. Nd**: Wie in der 1. Rd str.
**2. und 3. Nd**: Alle M glatt rechts str.

Die verbleibenden 6 M wie bei der Handschuhspitze zusammenziehen.

## LINKER HANDSCHUH

Ebenso str, jedoch den Daumen über die 1.– 6. M der 2. Nd arbeiten.

• 108 •

# Danke

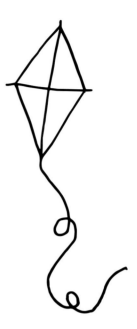

Die letzten Monate sind wie im Flug vergangen, und nun ist das „Werk" vollbracht!

Ich bin ungeheuer dankbar und glücklich, so viele liebe Menschen um mich zu wissen, die mir in dieser intensiven Zeit so tatkräftig „unter die Stricknadeln gegriffen haben".

Allen voran meiner lieben Familie, vor allem meiner lieben Mama Ute Müller, die eine wahre Strickingenieurin ist und so ausdauernd, begeistert und innovativ Strickentwicklung betrieben und mich stets mit vielen tollen Ideen inspiriert hat.

Dann natürlich meinen drei Männern zu Hause, die sich schon darauf freuen, nun auch endlich mal wieder umgarnt zu werden.
Meinen beiden Schwestern für die zahlreichen Babysitter-Stunden mit unseren Jungs!

Uta Kilian-Moes für ihr „Coaching" und die mentale Stärkung, wenn mir mal die Wollflusen den Blick trübten.

Danke auch an meine liebe Freundin Johanna Richter für die schönen Gedanken zum Stricken für „Beginner", ich hoffe, ich kann sie für das eine oder andere Projekt hier begeistern!

Und natürlich geht ein riesiges Dankeschön an meine wunderbare Lektorin Frau Sidabras, ohne sie wären die Texte und Anleitungen sicherlich nie zu dieser Klarheit und Struktur gekommen!

Ein großes Dankeschön geht auch an das tolle Team vom EMF Verlag mit meiner lieben Lektorin Frau Sommerfeld! Danke, dass Sie mit mir das Projekt umgesetzt haben!

Außerdem habe ich mich riesig über die zahlreichen Sponsoren gefreut:

Rosys Green Wool, Sandnes Garn, Lamana, Lang Yarns, Lana Grossa, Buttinette und Union Knopf.

# Über die Autorin

Das allererste Modell war ein rosafarbener Pullover für Puppen, es folgte im zarten Alter von elf Jahren ein Oberteil mit Elefanten und Jacquards aus einer Strickzeitschrift, das sie für sich selbst strickte. Wenke Müller nahm sich zu diesem Zeitpunkt vor, irgendwann einmal selber Stricksachen zu entwerfen und all die Raffinessen des Strickens und Beschreibens zu beherrschen.

Nach dem Studium zur Modedesignerin folgten einige Jahre in der Premium-Modeindustrie, die Wenke Müller die Welt des Industrie-Stricks näherbrachten.

An langen Tessiner Winterabenden kam sie dann zurück zum Handstricken, wo sie sich vor allem mit Babystrick beschäftigte. Mit ihren beiden Kindern, die sich bald darauf nacheinander ankündigten, konnten viele der entstandenen Modelle Test getragen werden.

Wenke Müller arbeitet als freie Strickdesignerin für verschiedene Handarbeitsverlage und Fashionlabels.

Seit 2017 kann man ihrer Strickwelt auf Instagram folgen: **@tomkeknits.**
www.tomkeknits.com

# Noch mehr hyggelige Bücher

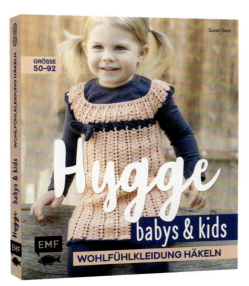

**HYGGE BABYS UND KIDS – WOHLFÜHLKLEIDUNG HÄKELN**
Größe 50–92

ISBN: 978-3-86355-918-2

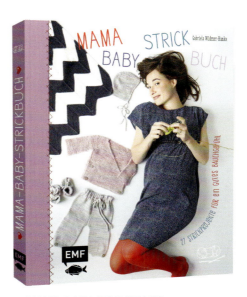

**MAMA-BABY-STRICKBUCH –**
27 Strickprojekte für ein gutes Bauchgefühl

ISBN: 978-3-86355-225-1

**BABYSCHÜHCHEN-TICK**
Schuhklassiker für kleine Füße stricken

ISBN: 978-3-86355-635-8